AF140551

Annette Köwerich

Briefe von Ophelia und Jan

Roman

Personen und Handlung sind frei erfunden. Ähnlichkeiten
mit lebenden oder toten Personen sind rein zufällig und nicht
beabsichtigt.

Bibliografische Information der Deutschen Nationalbibliothek:
Die Deutsche Nationalbibliothek verzeichnet diese Publikation
in der Deutschen Nationalbibliografie; detaillierte bibliografische
Daten sind im Internet über www.dnb.de abrufbar.

Foto: Bärbel Blees, Leiwen an der Mosel
Lektorat: Tina Alexa Pohl
Covergestaltung: Lutzgestaltet, Mülheim an der Mosel
Satz: Lutzgestaltet, Mülheim an der Mosel

© 2015 Annette Köwerich / 3. Auflage 2016

Herstellung und Verlag: BoD – Books on Demand, Norderstedt
ISBN 978-3-7347-4996-4

Inhalt

Kapitel I

Mails

Guten Tag,
sehr geehrte Damen und Herren im Weingut B. Benz-Lay,
auf der Suche nach einer Flasche Ihres 1959ers aus der Sommerather
Laurentiuslay würde ich mich sehr über eine Preisliste freuen.
Mit freundlichen Grüßen
Jan Hermann

Sommerath/Mosel, 7. Februar 2005

Sehr geehrter Herr Hermann,
vielen Dank für Ihre Mail. Ihr Interesse an einer Flasche 59er freut
mich sehr. Es soll ein legendärer Jahrgang gewesen sein. Herzlichen
Glückwunsch zu Ihrem feinen Geschmack!
Das Weingut Benedict Benz-Lay, das Sie vermutlich meinen ange-
schrieben zu haben, gibt es nicht mehr. Mein Bed and Breakfast
Benz-Lay heißt wirklich ähnlich wie das frühere Weingut Benedict
Benz-Lay in Neumagen-Dhron. Wir sind allerdings in Sommerath,
einem Ortsteil von Leiwen. Bei uns gibt es ausschließlich Feine Ferien
– Bed and Breakfast, herzlich willkommen im „Bed and Breakfast
Benz-Lay"!
Mit freundlichen Grüßen von der Mosel
Ophelia Lay

Münster, 7. Februar 2005

Sehr geehrte Frau Lay,
herzlichen Dank für Ihre rasche Antwort!
Zu schade, dass es das Weingut nicht mehr gibt. Warum und seit
wann?
Ich suche den Wein für eine reizende Dame, die reife Rieslinge liebt.
Es ist wichtig. Aber ich habe gerade leider keine Zeit, selbst an die
Mosel zu fahren.

Gibt es eine Möglichkeit, an eine Flasche des 59ers von diesem Weingut zu kommen?
Mit herzlichen Grüßen aus Münster
Jan Hermann

Sommerath/Mosel, 8. Februar 2005

Sehr geehrter Herr Hermann,
vielleicht gibt es eine Möglichkeit. Ich glaube, mein Großonkel, Theo Benz vom Weingut Benz-Nicolay, hat einmal erzählt, dass er einige Flaschen des 59ers vom Weingut Benedict Benz-Lay hütet. Er weiß wohl auch, warum und seit wann es das Weingut nicht mehr gibt. Aber das, das ist nichts, worüber er am Telefon redet, eine Mailadresse hat er nicht. Am besten, Sie besuchen ihn.
Herzlich Grüße
Ophelia Lay

Münster, 9. Februar 2005

Sehr geehrte Frau Lay,
wie schön, dass Sie Verbindungen zu dem Wein haben! Mein Ter-minkalender ist in den nächsten Wochen rappelvoll. Ich werde es leider nicht schaffen, selbst an die Mosel zu fahren. Vielleicht können Sie mir doch seine Tel.-Nr. geben? Dann könnte ich es wenigstens versuchen.
Mit herzlichen Grüßen aus dem Münsterland
Jan Hermann

Sommerath/Mosel, 10. Februar 2005

Sehr geehrter Herr Hermann,
seine Telefonnummer ist 06507-235. Aber einen Anruf eines Fremden nach diesem Wein würde er sicher schnell und ggf. unfreundlich beenden.

Ich könnte Onkel Theo in den nächsten Tagen besuchen. Bis wann brauchen Sie eine Antwort?
Mit herzlichen Grüßen aus dem sonnigen Tal der Mosel
Ophelia Lay

Münster, 11. Februar 2005

Sehr geehrte Frau Lay,
am 5. April hat die Dame Namenstag (Elisabeth Juliana). Ich hoffe bis zum letzten Tag. Wie nett von Ihnen, dass Sie für mich nachfragen wollen. Wie kann ich Ihnen für Ihre Mühe danken? Wie ist der Preis des 59ers?
Zutiefst ergeben
Jan Hermann

Sommerath/Mosel, 12. Februar 2005

Sehr geehrter Herr Hermann,
vielen Dank für das Buch „Sonntagsgerichte aus den Küchen der Landfrauen". Sobald ich hier Zeit finde, werde ich das Buch nach frühstückstauglichen Rezepten für meine Gäste durchstöbern und zu Onkel Theo fahren.
Herzlich grüßend
Ophelia Lay

Sommerath/Mosel, 15. Februar 2005

Sehr geehrter Herr Hermann,
gestern Abend war ich bei Onkel Theo. Er war etwas erstaunt, als ich bei ihm ankam und nach dem Wein fragte. Er meinte, nach einer Flasche 59er habe lange niemand mehr gefragt. Er bat mich, auf ihn zu warten, es könne etwas dauern. Dann ging er in den Keller. Ich dachte schon, ihm sei was zugestoßen. Doch nach zehn Minuten kam er mit Spinnweben im Haar und einem Lächeln in den Augen wieder

hoch und bat mich in sein Wohnzimmer. Als ich sagte: „Nein, nein, ich will den Wein nicht vorkosten, ich nehm die Flasche so", sagte er: „Jetzt trinken wir zuerst mal ein Gläschen" (Wey trenke mir fadescht äs e Gläsjen).

Er öffnete die hellgrüne Flasche, roch am Korken, lächelte, goss sich einen Schluck davon ein, kostete, lachte leise, goss mir ein Glas ein, dann sich und bat mich, mich zu setzen. Er setzte sich mir gegenüber, fragte: „Was riechst du?" (Un, wat reychst de?) und „Welches Jahr?" (Belech Joar?). Ich musste ihm alles erzählen, alles, woran mich der Wein erinnert. „Wirklich?" (Werklech?), fragte er ein paarmal schmunzelnd und kommentierte die von mir genannten Aromen. Wir redeten, zuerst stockend, und dann erzählte er mir mehr von diesem Wein, vom 83er, wie das Jahr gewesen war. Er hatte Austriebs-, Blüte- und Lesedatum im Kopf – ich habe sie leider vergessen, glaubte aber, einen Zusammenhang zwischen dem Wetter und den Aromen zu erkennen und erfuhr mir unbekannte Geschichten über meine Familie, also die Variante, die im Nachbardorf bei entfernten Verwandten erzählt wird. Als wir die Flasche leer getrunken hatten, holte er trotz meiner Proteste noch eine Flasche aus dem Keller. Wir sezierten auch den 89er, das gleiche Prozedere ... lange Rede ...: ich kam mit leeren Händen nachhause – mit „Taxi Ostermeier", weil ich mich zum Fahren nicht mehr sicher genug fühlte. Heute Morgen kam Theo dann mit seinem Uralt-Mercedes hier vorgefahren, holte mich ab, damit ich meinen Mini wieder von Neumagen hierher bekomme. Als ich ausstieg und nach dem 59er fragte, versprach er, danach zu schauen. Er senkte den Blick und sagte: „Komm nochmal vorbei, ich bin abends ja meistens zuhaus. Es war wirklich ein schöner Abend" (Kum dach nach en Kehr eran, eych seyn owends jo mestens dahäm. Et woar werklech en schienen Owend).

Wie traumschön die Fahrt über das Sträßchen zwischen Leiwen und Neumagen-Dhron ist: glitzernde Wellen, ein breites Schiff und eine Möwe haben mich begleitet.

Herzliche Grüße aus dem tiefen Tal der Mosel

Ihre Ophelia Lay

Sommerath/Mosel, 17. Februar 2005

Sehr geehrter Herr Hermann,

vielen Dank für Ihre freundliche Post, für den „Wetterkalender für den Mann vom Land" und das „Notizbuch für die Frau vom Land". Ich nehme an, dass der (Gut-) Wetterkalender für meinen Onkel gedacht ist. Ich werde ihn ihm beim nächsten Besuch mitnehmen. Dann kann er darin seine Wetteraufzeichnungen machen.

Herzlichst

Ihre Ophelia Lay

Münster, 17. Februar 2005

Sehr geehrte Ophelia Lay,

ja, genau so war es gemeint, hatte keine Zeit etwas dazuzuschreiben ... Wie nett von Ihnen, dass Sie sich einen ganzen Abend samt Taxifahrt um die Ohren schlagen, um an einen Wein für mich zu kommen. Sind Sie immer so freundlich? Hoffe, Sie haben Gutes in Ihr „Notizbuch für die Frau vom Land" zu schreiben, gutes Wetter und so, dass bei Ihnen die Zeichen nicht auf Sturm stehen ...!

Herzliche Grüße aus dem Münsterland

Ihr Jan Hermannn

Sommerath/Mosel, 28. Februar 2005

Sehr geehrter Herr Hermann,

gestern wurde ich wieder bei Theo vorstellig.

Er schien auf mich gewartet zu haben. Denn ich wurde sofort ins Wohnzimmer gebeten, musste wieder von zwei Weinen den Jahrgang raten – wir sind jetzt schon in den Siebzigern! Und als er mir die Besonderheiten des 73ers verraten hatte: eine frühe Blüte, gefolgt von stürmischem Sommer und opulentem Sonnenschein im Herbst, wurden die Pausen zwischen seinen Sätzen länger – er nickte zwischendurch immer ein wenig ein. Irgendwann hatte er ein seliges Kinderlächeln im Gesicht, schlief tief und fest. Ich deckte ihn zu, machte das Licht aus, schlich aus dem Haus, zog die Tür zu und traf auf die neugierige Nachbarin, die abends um halb zehn in der Dunkelheit ihre Buchsbüsche vor dem Haus goss, die vor Theos Wohnzimmerfenster stehen – so eng und verwinkelt stehen hier die Häuser. Sie meinte, ich müsse kein Taxi nehmen wie beim letzten Besuch bei Theo. Er hätte ihr alles erzählt. Sie führe mich gerne nachhause. Ich nahm ihr Angebot an – welches Geheimnis hätte sie sonst genüsslich gewittert? und versuchte, ihren herrlich neugierigen Fragen unauffällig auszuweichen. Als Theo heute früh hier vorfuhr, lachte er und meinte, ich hätte seine Nachbarin hoffentlich auf ein paar falsche Fährten geschickt. Mit prüfendem Blick wollte er wissen, warum es ausgerechnet ein 59er sein müsse. Er sei nicht sicher, ob er eine Flasche zum Verkauf habe. Ich soll Sie fragen, ob die Dame den 76er oder den 75er bevorzugt, das sei wichtig.

Herzliche Grüße aus dem Tal der Mosel

Ophelia Lay

Frau Ophelia Lay,

nun, ohne zu wissen, ob Ihr Onkel eine Flasche dieses Weines für mich hat, ohne den Preis zu wissen ... ich habe keine Ahnung vom 75er und vom 76er und will die zu beschenkende Dame nicht danach fragen ... könnten die beiden soeben an Sie losgesandten Bücher Sie dazu bringen, mir die Antwort auf die nun scheinbar alles entscheidende Frage zu sagen, welchen Jahrgang meine Tante bevorzugen sollte?

Eilig grüßend

Ihr Jan Hermann

Lieber Jan Hermann,
vielen Dank für das „Kochbuch für den Junggesellen auf dem Land"
(unter den Rezepterprobern ist ein Jan Hermann – sind Sie das?) und
das Buch „1000 Fragen für den Jungen Winzer" (für wen ist das?).
Herzlichen Dank!
Wenn ich meinen Großonkel nicht so oft besuchen würde …, hätte ich
vielleicht etwas mehr Zeit zum Lesen …
Herzlichst
Ihre Ophelia Lay

Liebe Ophelia Lay,
ja, ich stehe tief in Ihrer Schuld, jage Sie in die Wohnzimmer Ihrer
entfernten Verwandtschaft … – wie komme ich da jemals wieder raus?
Vielleicht lesen Sie bei den „1000 Fragen für den jungen Winzer" einfach nur die Antworten der Fragen, die Sie interessieren? (eine Antwort zum 75er/76er habe ich leider nicht gefunden) – ich glaube, so
machen es auch die Lehrlinge, für die dieses Buch konzipiert ist. Ich
habe vor meiner Praktikantenprüfung vor dem Landwirtschaftsstu-
dium die „1000 Fragen für den jungen Landwirt" als Bettlektüre mehr
genutzt als geliebt.
Tausend Dank für Ihren unermüdlichen Einsatz für den 59er – trotz
Ihres knappen Zeitbudgets –
Ihr Jan Hermann

Guten Abend, Herr Hermann,
gestern war ich wieder bei meinem Onkel. Er strahlte, als er mir die
Tür öffnete. Märzsonne bis zum Einbruch der Nacht freut die Winzer. Und dann log ich, dass Ihre Tante den 75er dem 76er vorzieht (das
ist die Gretchenfrage, mit der die Moselaner ihr Gegenüber auf

Kenntnis oder oberflächliches Wissen abklopfen – an den Jahrhundertsommer 76 können sich viele erinnern, aber der 75er ist filigraner, eleganter, moseltypischer), trug ihm mein, Ihr, Anliegen erneut vor.

„Mäddchen", sagte er, „dann gehen wir mal runter nachschauen" (Mäddchen, da geh mer äs eroof kouken) und lachte sein leises Lachen, das man ihm sogar anzusehen glaubt, wenn man hinter ihm geht. Schweigend, ehrfürchtig, stieg ich hinter ihm in den Keller hinab, der seit dem 19. Jahrhundert kühl, dunkel und verschachtelt Wohnhaus und Scheune miteinander verbindet. Bis auf das Tropfen eines Wasserhahnes war es da unten ganz still.

Dann drehte er mit dem Klack der alten Drehschalter das Licht im Hauptkeller an:

Der Kreuzgewölbekelle: Feierlichkeit – Festtagsstimmung, wie still es da unten ist – wo bleibt der Orgelklang? Man glaubt sich in einer Kirche. Aber der Geruch ist anders: Schiefer und Feuchtigkeit, zugleich frische Luft ...

Er drehte in mehreren Seitenräumen das Licht an. Ich tat, als sei ich noch nie dort gewesen (die zweite Lüge!), er schaute sich um, murmelte. Und dann strahlte er und sagte: „Hier liegt er, der 59er" (Hey leyt en, denn Neinunfuffzier). Witwenwein hätten sie ihn genannt, ein Jahrhundertjahrgang, der etliche Frauen zu Witwen gemacht habe, weil die Männer mit dem Trinken nicht hätten aufhören können – er sei so unfassbar gut gewesen. Eine Flasche hob er behutsam von dem kleinen Stapel – so, wie man ein Neugeborenes anfasst. Dann stand er gedankenversunken da.

Er blickte ernst und schwieg. Dann sagte er, so eine Flasche gebe man nicht einfach so her, weil darin die Sonne eines Sommers und auch die Erinnerungen an die Geschichten eines Sommers verborgen lägen, der wirklich ein Jahrhundertsommer gewesen sei. Ein Lächeln huschte über sein Gesicht. Damals hätten sie geglaubt, nie wieder solch einen Wein ernten zu können. Und wenn der Jahrgang weggetrunken sei, dann bekäme man nie wieder genau diesen Wein. Der liebe Gott hasse vermutlich Wiederholungen, wolle sich nicht langweilen und stelle darum den Winzern an der Mosel jedes Jahr neue Aufgaben: mal ein Regen in der Blüte, dann ein bisschen zu viel Sonne im August, dann zu viele Wolken in der Lese – und schaue belustigt zu, wie sie sich abmühen. Beim 59er sei alles, fast alles ideal gelaufen. Und nie hätte er wieder solch einen Wein geerntet. Das sei das Beste, was Helmut Benz vom Weingut Benedict Benz-Lay je erzeugt habe.

Es gibt also noch ein paar Flaschen.

Mit herzlichen Grüßen

Ophelia Lay

Münster, 16. März 2005

Sehr geehrte Frau Lay,

herzlichen Dank für Ihre Mühe und Ihre Mail – wie nett, dass Sie Ihren Onkel dreimal besuchen und mich jeweils an dem Szenario teilhaben lassen. Kann sich ein Normalsterblicher den Wein leisten? Gibt es weitere Besitzer?

Fragt, mit herzlichen Grüßen

Jan Hermann

Sommerath/Mosel, 18. März 2005

Sehr geehrter Herr Hermann,

entschuldigen Sie bitte. Natürlich, die Sache mit dem Preis. Das hatte ich ganz vergessen dazuzuschreiben (hier kamen unangekündigte Gäste). Er sagte „Mäddchen" (so nennen die älteren Moselaner Frauen auch dann noch, wenn so schon weit über sechzig sind), „das hier ist nicht bezahlbar" (dat hey es net ze bezohlen). Und als ich sagte, dass ich den Preis wissen müsse, schaute er mich lange ruhig an und sagte: „Ihr aus der Stadt glaubt, dass alles einen Preis hat, so was, das ist ein Geschenk vom lieben Gott, man bekommt es nur einmal im Leben – wenn man Glück hat – nicht für Geld, nur als Geschenk! (Dir g´lävt, Dir aus der Staad, dat alles seyne Preys hot – soeppes, dat as e Geschenk vom Hergott, dat greet ma bluß eemol am Läwen – wemma Gleck hot – net fir Geld, dat as a Geschenk).

Es sei „Flüssige Gnade". Wenn ich glaube, der Wein käme in „gute Hände", dann könne der Herr eine Flasche haben und er möge den ihm angemessen erscheinenden Betrag am Sonntag in den Klingelbeutel legen und ein Gebet zum Herrgott sprechen, dass er den Winzern noch viele gute Jahrgänge schenke, vielleicht sogar nochmal so einen. Und er sagte: „Der Herr soll uns die Geschichte erzählen, um die es bei dem Wein geht, warum es ausgerechnet dieser Wein sein muss" (Da Kerdl soll äs de Geschicht verzehlen, wodrum et gäht, et ausgerechent der Weyn seyn moos). „Glaubst du, das geht?" (Mennste, dat dät gohn).

Er erzählte mir, dass reife Rieslinge noch zickiger und divenhafter als junge Rieslinge sind, dass sie ohne Temperaturschwankungen und bestenfalls dunkel gelagert werden müssen. Eine unsachgemäße Behandlung nähmen sie einem übel, sagte mein Onkel. Dann strich er mit den Händen voller Schwielen behutsam über die Flasche, blies den letzten Staub über der 59 weg, lächelte, hob an zu sprechen, schwieg dann aber und legte sie sachte zurück ins Regal, drehte das Licht in dem Seitenraum aus, schloss die Tür.

Wir gingen durch den Hauptkeller mit den Fuderfässern und stiegen aus der Kühle wieder hoch in die Märzluft voller Vogelstimmen. Wie hell es jetzt am Abend noch ist. Jetzt wissen Sie den Preis.

Mein Onkel würde die Diva niemals mit der Post versenden. Ich würde es riskieren, übernehmen (er erfährt besser nicht, dass Sie sie nicht selbst abholen. Er hält Sie für einen Bekannten von mir, der mich, aber nicht ihn besucht). Ich hoffe für besagte Dame, dass Sie gute Hände haben.

Mit herzlichen Grüßen von der Mosel

Ophelia Lay

Sehr geehrte Frau Lay,

was sind sie für ein possierliches Völkchen, die Moselaner.

Kann man von Geschichten und Gebeten leben? Okay, ich bin bereit, mich ausfragen zu lassen und nehme die Chance, den Wein bekommen zu können, als wahres Geschenk! Meine Hände sind Bauernhände. Ob sie gut waren, wird man erst bei meiner Grabrede sagen können. Ich gebe mir Mühe – jeden Tag! Genügt Ihnen das?

Muss ich einen Gottesdienst besuchen? Oder kann ich das Geld auch verstohlen hinten im Dom in einem Opferstock ablegen und dabei für gutes Wetter für die Winzer beten?

Und wenn ich Ihrem Onkel schon die Geschichte erzählen darf: Erzählen Sie mir bitte auch, warum es das Weingut nicht mehr gibt? Und eins vorab, vielleicht als Vorwarnung oder Entschuldigung: Ich selbst trinke nur hin und wieder eine Flasche, aus dem Piemont, diesem wunderbaren, geschichtsträchtigen Weinland, in dem immer sanft die Sonne zu scheinen scheint. Kennen Sie Alba?

Morgen fliege ich nach Israel und werde in acht Tagen zurück sein. Weil ich gleich danach meine Tante besuchen und sie zum Namenstag mit dem Wein überraschen möchte, würde ich mich sehr freuen, wenn Sie ihn an meinen Arbeitsplatz senden könnten (Danke!): Redaktion „Experte“, Jan Hermann, Freier Bauernverlag, Schorlemer Allee 11, 48149 Münster.

Ich werde meine Kollegen instruieren, die Diva erschütterungsfrei entgegenzunehmen und behutsam in unserem Frankierraum auf das grundsolide Tischchen zu legen, das ich soeben dort an die Nordwand gestellt habe. Der Raum ist zumeist dunkel und der kühlste im Haus. Ich hoffe, dass sich die Mosel-Diva dort wohlfühlen wird. Ihnen tausend Dank für Ihre Mühe und ein Lob auf Ihr diplomatisches Geschick!

Hoffentlich klappt alles!

Verbindlichsten Dank!

Ihr Jan Hermann

Sehr geehrter Herr Hermann,
es klappt.
Mit freundlichen Grüßen und besten Wünschen für Ihre Reise nach
Israel,
Ophelia Lay

Liebe Frau Lay,
jetzt weiß ich die Diva neben mir. Danke!
Andächtig wie ein Kind bin ich eben um den Tisch herumgeschlichen. Fast wie eines, das am Nachmittag des Heiligen Abends heimlich ins Bescherungszimmer huscht, wissend, wenn der „Einbruch"
auffliegt, fällt die Bescherung ins Wasser.
Erst im Flieger war mir aufgefallen, dass Ihre Antwort ungewohnt
knapp ausgefallen war und ich ärgerte mich, dass ich Ihre Adresse
nicht mithatte und somit nicht bei der Auskunft und dann bei Ihnen
anrufen konnte, ob wirklich alles klappen würde. Und in Israel kam
ich nicht online.
Und so bin ich gleich nach der Ankunft aus Israel noch in die Redaktion gehechtet, um nachzuschauen, ob die Diva eingetroffen ist und
es angenehm hat. Sie hat.
Ihnen, liebe Frau Lay, vielen lieben Dank für Ihr Engagement, Ihre
Zuverlässigkeit, Ihren Gang zur Post und die wunderschöne Schatulle – was bekommen Sie dafür?
Mit besten Wünschen für eine angenehme Woche!
Melde mich bald!
Ihr Jan Hermann

Sehr geehrte Frau Lay,

bitte entschuldigen Sie vielmals!

Da mühen Sie sich abendelang, mir diese Flasche zu besorgen, suchen eine wunderschöne Schatulle aus, verpacken sie sorgsam, bringen sie zur Post, bezahlen das Porto und dann hören Sie ewig nichts. Bitte entschuldigen Sie!

Als ich von der Israelreise, einer Leserreise unserer Zeitung, die ich begleiten musste, zurück war, waren die Stapel auf meinem Schreibtisch erbärmlich schief und ich musste mir die Finger wund schreiben ... Zwischendurch rauschte ich zum Namenstag meiner Tante. Mittags um zwei war sie noch allein. Aber viele hatten sich zum Namenstagskaffee angemeldet – Freundinnen und Freunde und Familie. Es ging ihr nicht gut. Tipptopp frisiert bedankte sie sich artig für das Geschenk, lächelte leise, als sie die schöne Schatulle sah, enthüllte die Flasche, lächelte, fragte: „Woher wusstest du?", wollte wissen, wo ich sie aufgetrieben hab, streichelte zärtlich das Etikett, verkniff sich eine Träne ... und wollte, dass ich die Flasche gleich öffne – ungekühlt.

Nach dem Tod ihres Mannes hatte sie manchmal von diesem Wein gesprochen – zaghaft, wie im Schmerz stochernd und stockend. So, als wären in diesem Wein nicht nur die Erinnerungen an dieses Jahr 1959 lebendig. Und ich wollte sie mit dem Wein zum Reden bringen. Glück und Trauer verlieren Tiefe, wenn man darüber redet. Vielleicht wurde sie beim Anblick der Flasche von Erinnerungen überrollt und wollte es kurz und möglichst schmerzlos machen, den ersten Namenstag ohne ihren Mann mit diesem Wein hinter sich bringen.

Aber mir war nicht nach Wein und ich hatte nur eine gute Stunde Zeit. Es wäre mir unheilig vorgekommen, den Wein „zwischen Tür und Angel" zu öffnen und zu trinken – hektische Schlucke von einem Wein, der einen ganzen Sommer mit all seinen Geschichten in sich trägt und lange in einem kühlen Keller geträumt hat. Von einem Wein der Sie lange auf Trab gehalten hat – umweht von den unterschiedlichsten Parfums der sicher gleich eintreffenden lauten Freundinnen meiner Tante. Ich bat sie um Aufschub. Erstaunt, mit einer hochgezogenen Augenbraue, legte sie die Flasche zurück in Ihre Lackkiste und dann in ihren Kühlschrank. Ich hoffe, er ist als Zwischenlagerplatz genehm?

Soweit der Stand der Geschichte. Morgen werde ich meine Tante besuchen. Morgens habe ich noch zwei Termine in Bonn, und dann habe ich den ganzen Tag frei. Ich bin gespannt.

Ihnen alles Gute wünschend

Ihr Jan Hermann

Münster, 24. April 2005

Sehr verehrte Ophelia Lay,

... ich war noch nicht im Dom. Ich bin ein Zechpreller.

Ich verzichte auf die Mittagspause in der Verlags-Kantine – unter meinen Kolleginnen aus dem Ressort Hauswirtschaft (SCpV genannt: Suppen, Cremeschnittchen, pure Verführung. Wenn wir lieb zu den Damen sind, dürfen wir zusätzlich zum Kantinenessen deren Versuchs- und Fotogerichte essen) und begebe mich statt-dessen in die asketische Stille des Domes, um den Obolus zu leisten.

Verstohlen grüßend aus Münster

Jan Hermann

Münster, 24. April 2005

Liebe Ophelia Lay,

heute Mittag war ich im Münsteraner Dom. Obwohl ich seit fünf Jahren in der Stadt arbeite, war ich noch nie dort. Vielleicht, weil ich im mir oft zu katholischen Rheinland aufgewachsen bin.

Ich habe meine Mittagspause ausgedehnt, blieb in der Stille des Do-mes einfach sitzen. Kein Fax, kein Telefon. Stille, mitten in der Stadt – Luxus. Kein Wunder, dass die Frauen früher ein paarmal am Tag, legitimiert, in die Kirche gelaufen sind – dort gibt es seit Jahrhunderten Stille, Ordnung und funkelndes Gold für jedermann, anderes als schwere Arbeit und Familienwahnsinn (Kinderschar und Schwiegermutter). Vielleicht war der tägliche Pflicht-Kirchgang nicht Last, sondern Lust – homöopathische Freiheit, die der Gedanken.

Grüßen Sie Ihren Onkel mit Dank von mir – ich habe den Obolus für den Wein hinterlegt, im Opferstock gleich bei der Eingangstür versenkt, und dabei für gutes Wetter gebetet, unter besonderer Berücksichtigung der Vorzüge eines „1959ers".

Bald mehr,

herzlich grüßend

Ihr Jan Hermann

PS Hier in Münster klatscht einem heute der Regen ins Gesicht. Im Dom war es trocken und sturmfrei.

Sommerath/Mosel, 27. April 2005

Guten Tag, Herr Hermann,

vielen Dank für Ihre Mail. Was für eine schöne Geschichte! Das wird meinen Onkel freuen: Ein Kirchenflüchtiger sucht wegen eines Weins aus seinem Keller nach fünf Jahren den Münsteraner Dom auf.

Theo ist im Moseltal aufgewachsen und war nie wirklich weg. Christentum, Weinkultur und Sinnlichkeit sind hier eng verwoben, kamen vor zwei Jahrtausenden gemeinsam hierher. Das Christentum hat den Wein über die ganze Welt verbreitet. Ob es ohne den Wein zur Weltreligionen hätte werden können? Hier sind sich die Moselaner ausnahmsweise mal einig: Nein!

Es erstaunt mich also nicht, dass der Wein etwas in Ihnen bewegt, und es wird meinen Onkel noch mehr erfreuen und noch weniger erstaunen als mich.

Herzliche Grüße

Ophelia Lay

Sehr geehrter Herr Hermann,
herzlichen Dank für die beiden Bücher!

An den „Festlichen Torten der Landfrauen" werden sicher auch meine Gäste viel Freude haben, diese Prinzregententorte ... Über das Buch „Alte Schlepper" hat sich mein Onkel sehr gefreut – ob Sie der Autor seien, hat er gefragt. Er fühle sich reich beschenkt, soll ich Ihnen von ihm ausrichten.

Er war zuhause, als ich ihm heute Nachmittag das Buch vorbeibrachte. Ich hatte ganz vergessen, dass fast alle Moselwinzer, also die Männer, von halb eins bis halb zwei eine kleine „Siesta" machen (nicht die große spanische Variante mit Schlafanzug, Nachttopf und Vaterunser, nur die kleine auf der Couch und nur so lange, bis die Frauen die Küche vom Mittagessen aufgeräumt und den Abwasch erledigt haben). Wenn die Sonne hoch steht, ist es in den Weinbergsterrassen heiß (gledig). Und weil die Winzer ihr Schläfchen (Schleffchen) wochentags gewöhnt sind, behalten sie es auch sonn- und feiertags bei. In der sommerlichen Hitze bat er mich verschlafen ins kühle Haus und packte erstaunt Ihr Geschenk aus. Er kann sich wie ein kleiner Junge freuen!

Er suchte gleich nach seinem „Güldner-Diesel-Kleinschlepper A 15". Und begann mir zu erzählen, wie das damals war, als er seinen ersten Traktor bekam. Die Winzer sagen hier nicht „Schlepper", sondern „Draggdor" (Traktor).

Heute gibt es neunzig Brücken auf den dreihundert Kilometern zwischen Koblenz und Metz – viel mehr als vor der Schiffbarmachung im Jahr 1964. Sie brachte die „Erbfeinde" Frankreich und Deutschland zusammen und die vielen neuen Brücken machten die meisten der kleinen Fähren, Pont oder Nachen genannt, überflüssig. Bis dahin waren seit Menschengedenken viele Dörfer und ihre Weinberge jenseits des Flusses nur durch Fähren verbunden. Orte wie Leiwen oder Trittenheim haben ihre besten Weinberge am dem Dorf gegenüberliegenden Flussufer – „iwer". Vom Dorf aus sehen sie aus wie eine Wand.

Onkel Theo sagte, er sei heilfroh gewesen, als er sich einen Traktor kaufen „musste" und seine Kuh verkaufen konnte – diese eine Kuh hätte viel zu viel Arbeit gemacht. Die Winzer gingen angeblich alle nicht gerne „ins Heu". Zudem habe er die Tratschbörse und die neugierigen Fragen der Mitfahrenden und des Fährmanns gehasst.

Dann erzählte er mir mit strahlenden Augen von seinem Freund und entfernten Cousin Helmut vom Weingut Benedict Benz-Lay, der dann leider eine Pfälzerin kennengelernt, geheiratet, hier nach Erbstreitigkeiten alles verkauft habe und zu ihr auf ihr großes Weingut gezogen sei. Unter dem Wetterschutzdach seines Güldners habe er sich immer „von guten Mächten wunderbar geborgen" gefühlt und die Hits aus dem Radio gesungen – weithin über die gesamte Flur hörbar. Und wenn während der Lese Sonntagsarbeit mit dem Schlepper erlaubt gewesen sei, hätten Kirchenlieder – allen voran „Großer Gott, wir loben Dich" – Helmuts Alltagshits verdrängt: „Rote Lippen soll man küssen" und „Du bist nicht allein".

Er war der Winzer, der Ihren Wein erzeugt hat. Helmut hat seine letzten Flaschen des 59ers damals bei Theo gelassen und wohl gesagt: „Lass mir ein paar Flaschen übrig – man weiß ja nie bei den Frauen ... Fast alles kann man mit Geld ersetzen: alles, außer Menschen und Tieren und Wein ... Nicht, dass ich eines Tages aus der Pfalz vertrieben werde, zurück an die Mosel muss, Hals über Kopf, nachts gar, und der Wein würde in der Pfalz bleiben." In besonderen Momenten dürfe er eine Flasche öffnen. Und in fünfzig Jahren würden sie in seinen Besitz übergehen – nach der Goldenen Hochzeit (no der Gillen Hochzeyt). Natürlich wird ihm Onkel Theo bis auf eine, Ihre, alle Flaschen zur Goldenen Hochzeit zurückgeben. Ihre war dann sowas wie die Lagergebühr – verzaubert in ein Gebet.

Ganz behutsam hat er Ihr Buch auf seinen alten Schreibtisch gelegt, auf das Buch „Aller Laster Anfang". Er liebt solche Bücher. Und er freut sich auf die Geschichte. Er sei sicher, dass er sie erzählt bekäme, soll ich Ihnen ausrichten. Denn wir seien ja Christen. Und wer, wenn nicht wir, könne Gottvertrauen haben?

Mit herzlichen Grüßen, auch von meinem Onkel,

Ophelia Lay

Verehrte Ophelia Lay,

der Wein hat mich vollkommen überrascht: Unverschämt jung tanzte er auf der Zunge, weckte Erinnerungen an Blüten, Karamell, Harz, Leder und einen Pastis, der in einer Bar von einer schönen Frau mit verwegenem Blick an einem vorbei getragen wird. Die Geschichte ist ein bisschen verrückt und muss noch aufgeschrieben werden. Lisbeth wusste, dass es das Weingut schon lange nicht mehr gibt. Sie und ihr Mann hätten vergeblich nach dem Wein gesucht. Haben Sie noch etwas Geduld und Gottvertrauen?

Fragt verlegen

Ihr Jan Hermann

Sommerath/Mosel, 10. Mai 2005

Herr Hermann,

Moselaner wissen mit schroffen Felsen umzugehen, sie zu umgehen und fruchtbaren Boden zu finden. Bis aus Schiefer und Sonne, Reben, Regen und Wind Wein wird, vergeht weit mehr als ein Jahr. Und wenn er dann in Flaschen gefüllt und wirklich gut ist, wird er von Tag zu Tag besser. Und wenn er erhaben gut ist und behutsam gelagert wird, vermag er nach Jahrzehnten königlich zu sein. Wie könnte dann Ungeduld zu unseren Schwächen zählen? Die Ungeduldigen sind hier längst alle weg.

Herzlich

Ophelia Lay

Münster, 10. Mai 2005

Frau Lay,

hm, ich dachte, Trier sei Deutschlands älteste Stadt und die Römer hätten viel heißes Blut in den Adern der Bewohner hinterlassen und die Frauen seien zartgliedrig, temperamentvoll und schön wie Römerinnen. Das habe ich zumindest in einer der wenigen Geschichtsstunden gelernt, die mir im Gedächtnis geblieben ist – oder narrt mich meine Erinnerung ...? In unserem ansonsten langweiligen Lehrbuch gab es Bilder von in Trier gefundenen Mosaiken. Mitte des 19. Jahrhunderts, also als mein Ur-Urgroßvater geboren wurde, hat im Trierer Land ein Landwirt beim Ausheben einer Rübenmiete ein Mosaik aus der Römerzeit entdeckt: wilde Tiere, strahlende Helden, leicht bekleidete Damen – sündiges Kino nach Römerart, dachte ich als pubertierender Landjunge. In meiner Klasse gab es nur ein einziges Mädchen, das so aussah. Die Damen auf den Mosaiken von Trier im Geschichtsbuch lächelten einladend. Es war meine Lieblingsseite.

Mit herzlichen Grüßen

Ihr Jan Hermann

Sommerath/Mosel, 18. Mai 2005

Verehrter Herr Hermann,

ja, die Dichte an Bauten und Bildern aus der Antike ist in Trier und Umgebung überwältigend. Trier war inmitten des drei Kontinente besiedelnden Imperium Romanum ein Zentrum für römische Lebensart, zuweilen sogar Residenzstadt des Kaisers. Die Experten streiten sich, ob das südländische Äußere vieler Moselaner auf Römer (jene, die vor zwei Jahrtausenden hier waren), spanische Reiterkrieger oder italienische Bahnbauarbeiter zurückzuführen ist. Und dann war da noch Cusanus, der Gelehrte aus Bernkastel-Kues, der Bischof in Südtirol wurde, weil er klug war, gebildet und sehr befreundet mit dem Machtmenschen in Rom. Auch er soll Menschen aus Italien hierher gelockt haben ...

Was aber unbestritten ist: Die Römer brachten vor zwei Jahrtausenden den Weinanbau hierher. Wissenschaftler haben in antiken Kelteranlagen erfolgreich antike Traubenkerne gesucht und damit bewiesen, dass an der Mosel seit dem 3. Jahrhundert Trauben gekeltert wurden (und nicht etwa Äpfel für Viez, den die Trierer und Bauern trinken). Inzwischen wurden dank eines Winzersohnes, der Archäologe ist, entlang der Mosel zwölf Kelteranlagen rekonstruiert. Nirgends sonst in Europa (in der Neuen Weinwelt ohnehin nicht!)

finden sich antike Kelteranlagen in dieser Dichte! Und sie stehen dort, wo auch heute wunderbare Weine wachsen – Elixiere, die weltweit nicht kopierbar sind.

Damals wurde der Most vermutlich per Schiff in die kaiserlichen Keller nach Trier gebracht. Teile der Wände jener Keller stehen noch heute – und wenn keiner hinschaut, kann man die rauen, kühlen Steine anfassen, Geschichte fühlen, ihren Duft atmen.

Mit herzlichen Grüßen von der geschichtsträchtigen Mosel
Ophelia Lay

Münster, 18. Mai 2005

Hochverehrte Frau Ophelia Lay,

eins zu null für Sie. Ich gebe mich von Ihrem Geschichtswissen geschlagen und traue mich fast nicht, Sie weiter auszufragen ... Sind Sie Historikerin? Wie alt sind Sie? Nun, Sie haben mich dazu gebracht, im Lexikon nach „Ophelia" zu suchen. Dort steht, Ophelia sei das Gegenteil der Femme fatale – eine Femme fragile. Sind Sie zart, Ophelia? Ich bin Bauer, Agraringenieur, und, wenn überhaupt, in Agrargeschichte bewandert. Und verwegene Namen haben hier allenfalls Kartoffelsorten. Ist Ophelia ein traditioneller Mosel-Winzerinnen-Name? Wie sieht ein Tag in einem Bed and Breakfast an der Mosel aus?

Fragt, mit herzlichen Grüßen
Ihr Jan Hermann

PS Es freut mich sehr, wenn das Buch Ihrem Onkel Freude bereitet und hoffentlich schöne Erinnerungen weckt. Ja, alte Schlepper begeistern viele Männer, alle großen Jungs mit einem jungen Herz – eines der auflagenstärksten Bücher unseres Verlages. Beliebt – nicht nur bei Bauern!

Sehr geehrter Herr Hermann,
heute ist es hier sonnig. Die Schieferdächer glänzen in der Sonne wie
Metall, spiegeln das Licht. Hinter dem Haus beginnen die Weinberge, schmiegen sich bis zu den ersten Felskuppen und setzen darüber
unbeirrt ihren Zug bergan fort. Schon als Kind sahen für mich Weinberge wie ein Pilgerstrom aus – jede Rebe wie ein himmelwärts zie-
hender, versunken Betender, einzeln oder in langen Reihen gehend
– unzählige Sonnenanbetende.

Wenn ich zur anderen Seite aus dem Haus schaue, fällt mein Blick
auf die Mosel – sie fließt hier ruhig, liegt beinahe still wie ein See, weil
ein paar Kilometer flussabwärts bei Wintrich die nächste Staustufe
die Wassermassen zügelt.

Ein Teil des Hauses hat allerdings ein Gegenüber. Uns trennt nur ein
ganz schmales Sträßchen, so, wie man sie sonst im verschachtelten
Städtchen Bernkastel findet, wo manche Häuser wie übereinanderge-
stapelt liegen. Dort wohnt seit kurzem German. Seine Küche liegt gegenüber von einem meiner Ferienzimmer. Und manchmal erzählen
mir Gäste, er sei sicher ein famoser Koch, weil es so wunderbar in ihrem Zimmer dufte. Sein oberes und mein unteres Geschoss kommen
sich sehr nah.

An der anderen Seite des Hauses steht ein Brunnen – einst eine Vieh-
tränke, frequentiert, wenn die Kühe von der Arbeit im Weinberg oder
oben auf dem Plateau kamen, auf dem Getreide und vor allem Kartoffeln angebaut wurden. Die Winzer waren Selbstversorger – für
mehr hat es bei den wenigsten gereicht. Pferde hatte kaum jemand.
Die Kuh (de Kouh) gab Milch, zog den Karren für Rüben, Stroh,
Heu, Kartoffeln und Trauben und den Pflug. Die Feld- und Wein-
bergwege waren so angelegt, dass Erntegut immer bergab ins Tal, ins
Dorf rollen konnte, gebremst oft von dem Winzer, der Winzersfrau,
der oder die ihn abends lenkte, während die Kuh längst schon wieder
im Stall war, damit sie mehr Milch geben konnte. Denn die Milch
und das jährliche Kalb waren wichtig, um die Familie zu ernähren.
Seit Napoleon wurde hier realgeteilt. Jedes Kind bekam den gleichen
Anteil vom Besitz – also beispielsweise bei acht Kindern nur ein Ach-

tel des oft ohnehin nur handtuchgroßen Fleckchens Erde. Zu verkaufen hatte man außer dem Wein nichts. Auch darum war er heilig.

Am gegenüberliegenden Ufer, das nur einen guten Steinwurf entfernt zu sein scheint, glauben wir alle Wege zu kennen – obwohl ich an vielen Stellen noch nie war. Oft fahre ich an Leiwen, Köwerich, Thörnich vorüber und sehe einen traumschön scheinenden Weg, der sich mäandernd über Ensch erhebt und vermutlich nach Bekond führt. Er scheint mir vertraut. Doch wenn ich auf ihm führe: er wäre mir fremd! Hier in diesem eng zusammengekrumpelten Tal ist vieles weiter entfernt, fremder als es scheint. Man sieht die Schatten der Wolken über die Hänge jagen. Sie scheinen zum Greifen nah.

In meinem „Bed and Breakfast" gibt es neun Gästezimmer: für Moselverhältnisse große, hohe Räume, jeweils mit einem kleinen Bad. Sie haben Weinbergs- oder Flussblick (und eine winzige Küche in einem Schrank). Dazu gibt es den Gastraum, in dem das Frühstück serviert wird, eine Empfangshalle, eine Bibliothek und die Küche, in der das Frühstück zubereitet wird. Es gibt eine Wiese am Fluss, durchschnitten von Hochbeeten mit Kräutern für die Tees, umgeben von Rosen, Lavendel und einer Buchenhecke und ein paar Walnussbäumen. Walnussbäume seien typisch für die Mosel, das milde Klima hier, sagt mein Antiquitätenhändler. Die Moselaner liebten die Möbel daraus, weil sie sich damit von den Bauern in Eifel und Hunsrück mit ihren schweren Eichenmöbeln unterscheiden könnten.

Dann kommt einige Kilometer lang das, was die Mosel zur Mosel macht: Wasser, Stille und Weinberge. Sommerath liegt zwischen Neumagen-Dhron und Leiwen, näher bei Leiwen, fast gegenüber von Trittenheim. Sommerath, das sind einige einst ein wenig einsame, zusammengerottete Häuser mit bewegter Vergangenheit und einem eigenen grünen „Ortsschild": Sommerath/Mosel.

Mit besten Wünschen für eine wunderschöne Woche, dass es bei Ihnen so wie hier grünt und blüht und überschäumt vor Schönheit und leisem Glück!

Ophelia Lay

Liebe Ophelia Lay,

weiterhin ohne zu wissen, wie Sie aussehen: Was auch immer Sie mir schreiben – ich höre die Geschichten meiner Tante aus Ihren Geschichten heraus. So schnell scheint sich bei Ihnen nichts zu ändern, oder?

Heute Abend, oder spät in der Nacht, kommt endlich die Geschichte zu dem Wein, der mich „lore-lay-haft" in die Fänge Ihrer Bed-and-Breakfast-Internet-Seite gelockt hat. Und vielleicht haben Sie bald einmal Zeit mir einen Tagesablauf in einem Bed and Breakfast an der Mosel zu beschreiben? Keine Angst, ich schreibe davon nichts im Bauernblatt – es ist keine Spionage. Ich würde Sie um jeden Satz fragen! Haben Sie einen wunderschönen Tag mit guten Gerüchen von Ihrem Gegenüber!

Ihr Jan Hermann

Sehr geehrte Ophelia Lay,

es ist schon seltsam, Mails mit einer geduldigen Ophelia Lay zu tauschen, die man noch nie gesehen hat. Wenn Sie schon nicht sagen, wie alt Sie sind und wie Sie aussehen, wenn Sie nicht ungeduldig sind ... Welche Schwächen haben Sie?

Hier endlich die Geschichte. Erzählen Sie sie Ihrem Onkel? Lesen Sie sie ihm vor? Soll ich sie zusätzlich nochmal ausdrucken und per Post senden? Per Mail ist es stillos. Finden Sie nicht?

Aber die Geschichte ist überfällig (bitte entschuldigen Sie die zehn Tage!). Und mir fehlt die Zeit, sie Ihnen und Ihrem Onkel persönlich zu erzählen ... Obendrein ist sie nicht chronologisch geordnet. So, wie das Leben zuweilen unordentlich ist. Ordnung würde Zeit kosten, die mir leider fehlt. Ich war mit dem Notizblock bei ihr, so, wie ich sonst Minister oder Landmaschinenhersteller interviewe. Wenn Sie Fragen haben: versprechen Sie mir, sich zu melden?

Ich freue mich darauf, Sie, meine geheimnisvolle Briefbekanntschaft, irgendwann zu treffen. Dieses Treffen sollte etwas Verschwörerisches haben: Ein Zeichen, ein Wort, ein Blick – etwa, eine imaginäre Taschenuhr aus der Hose ziehen, auf sie schauen und „Moselriesling" sagen: das könnte das Ritual und Geheimzeichen sein, derer, die darum wissen, dass Moselrieslinge umso besser werden, je mehr Zeit man ihnen lässt: zwischen Ihnen und mir.

Also, irgendwo in einer Seniorenresidenz lebt nun eine Tante weiteren Verwandtschaftsgrades. Vielleicht ist sie auch gar keine echte, sondern nur eine „Nenntante", die einem ja manchmal näher stehen kann als echte Verwandte. Als wir den 59er Sommerather Laurentiuslay miteinander tranken, erzählte sie mir diese Geschichte, über die man bei uns zuhause nur schweigt.

Aufgewachsen war Elisbeth Juliana als Tochter eines stolzen Bauern in der Kölner Bucht. Dort sind die Böden schwer. Humusreich bringen sie hohe Erträge. Die Bauern waren damals stolz: auf ihr Land, ihre Ställe, ihr Vieh, allem voran ihre Pferde und natürlich auf ihre Kinder, zudem ihr Haus und ihren guten Ruf. Mitte der fünfziger Jahre, als sich die Bauern von den Schrecken des Krieges erholt hatten, wurden wie überall die Kleider der Frauen wieder bunter. Und weil Lisbeth in das Alter kam, in dem die Nachbarbauernsöhne sie anders anzuschauen begannen, erlaubte ihr Vater ihr „neben schönen Kleidern auch den samstäglichen Friseurbesuch."

In unserer Familie wird erzählt, sie hätte, lange ehe sie zur Schule kam, mit einer hochgezogenen Augenbrauen gesagt: „Blonde Mädchen müssen nicht in den Stall."

Seit sie zwanzig war, gehörte also der samstägliche Friseurbesuch „einfach dazu", so wie bei den anderen, die es sich leisten konnten. „Man gab nicht wahllos Geld aus. Billig konnten wir uns nicht leisten – ein Wintermantel mit Nerzkragen war standesgemäß, als ich zwanzig wurde. Er kostete fünfhundert Mark. Und mein Vater strahlte, als ich ihn Weihnachten in der Kirche trug und die Nachbarn ihren Blick sorgfältig auf mich legten", sagte sie mit leisem Glanz in den Augen. Dieses bis dahin etwas rundliche Bauernmädchen wurde schlank wie die Mädchen in den großformatigen Modemagazinen, die im Friseursalon auslagen und „Film und Frau" o. ä. hießen. Nur ihre hartnäckig nicht schmal werden wollenden Wangen hätten immer ihre ländliche Herkunft verraten, meinte sie. Ihre besorgte Mutter habe gesagt: „Eine dürre Kuh ist noch lange kein schmales Reh" (en dönne Koh es noch lang kei schmal Rih).

Ihr Vater war wohl mächtig stolz auf sie. Vielleicht träumte er von einer Verlobung seiner Lisbeth mit einem der Nachbarbauernsöhne. Er war klug genug, ihr, die immer etwas zu Blondes, fast Fremdes, an sich hatte, nicht seinen Favoriten zu verraten, was er in unausgesprochener Abstimmung mit seiner Frau tat, der Lisbeth nicht unähnlich war. Vermutlich wollte er sie schlicht in seiner Nähe behalten. Sie ist ein „Martinsbildchen".

Dass sie die Jungs alle mit einer gewissen Hochnäsigkeit behandelte, schien ihnen angemessen, standesgemäß zu sein und heizte deren Gunstbezeugungen nur an. Aber Lisbeth lag wohl wirklich nicht mit den Nachbarjungs auf einer Wellenlänge: „In meiner Jugend, in den späten 50er Jahren, gab es noch Tanzkärtchen auf den vielen Bauernbällen, auf denen sich die jungen Herren eintragen lassen konnten. Und meins war nach Startschwierigkeiten in den ersten pummeligen Backfischjahren immer besser gefüllt.

Beim Herbstball im Oktober 59, kurz ehe ich einundzwanzig wurde, passierte etwas Merkwürdiges: Paul, der Sohn des Nachbarbauern, war an der Reihe. Ich wusste nicht, dass er eine Woche zuvor zwei Würfe Ferkel bei uns gekauft hatte. Er verneigte sich kurz, schaute zu Boden und sagte: „Guten Abend, ein Ferkel ist schon verendet" (Jooden Ovend, ein Firkes es ald kapott). Lisbeth lächelte und sagte: „Er war eigentlich hübsch, besonders auf dem Bauernball im schwarzen Anzug – aber ein miserabler Tänzer. Und was das bedeutet, weiß ja nun jede Frau."

Vorhang auf für Lisbeths zweiundzwanzigsten Geburtstag: Die Familie saß am Mittagstisch, Lisbeths Vater machte bei Tisch jedem die Hölle heiß, der eine Minute zu spät erschien. Zwölf Uhr ist Mittag. Punkt. An diesem Samstagmittag wurde zu Lisbeths Ehre ein Sonntagsessen aufgetragen: Sauerbraten mit Klößen. Man wartete. Als in der Sprachlosigkeit das Fleisch kalt geworden war, rief man den Friseur an – dort war sie nicht erschienen und der Friseur, der sie immer frisierte, hatte Urlaub. Niemand wusste, wo sie war. Ihre Mutter ahnte und schwieg und beschwichtigte wohl die Familie, ihre Schwiegereltern.

Lisbeth und Kurt waren da schon längst mit einem geliehenen VW-Käfer unterwegs an die Mosel: sonnige, südliche Riviera-Träume (für Verliebte auch im November) – aus Sicht der Köln-Aachener Bucht, wenn man die Riviera ausschließlich aus den Film- und Modemagazinen des Friseursalons kannte. An der Mosel gab es angeblich selbst in den kleinsten Dörfern Touristen, die jene Weltläufigkeit und Möglichkeiten mitbrachten, die man hier nur vom Domplatz, in der Stadt, kannte und nicht auf den Dörfern, außer am Rhein bei Remagen, aber da wäre die Gefahr zu groß gewesen, auf Bekannte zu treffen.

„Es war ein ungewöhnlich sonniger Samstagmorgen im November – nach einem großen Sommer. Mit Herzklopfen fuhren wir zuerst den Rhein entlang. Am Bahnhof Rolandseck wollte Kurt eine kleine Rast machen. Der Krieg und der Verfall danach hatten es nicht geschafft, allen Glanz aus diesem einst und heute wieder wunderbaren Gebäude zu vertreiben – ein magischer Ort: Rheinromantik pur - Königin Victoria, Kaiser Wilhelm II, Heinrich Heine, die Gebrüder Grimm haben ihn besucht, Clara Schumann, Johannes Brahms, Franz Liszt hatten musiziert und später, lange nach uns, waren der Dalai Lama, das japanische Kaiserpaar und viele andere dort ... Wir tranken Kaffee aus Kurts Warmhaltekanne, rührten in unseren Tassen. Ich konnte meinen Mut nicht fassen. Es war, als würde ich mir selbst zuschauen, ihm und mir, uns, als würde ich auf einem Schiff an uns vorüberfahren – ich, die alte Lisbeth. Und dann war mir, als führe die alte Lisbeth mit untadeligem Ruf davon – mit bunten Wimpeln. Plötzlich fragte Kurt, ohne Vorwarnung: ‚Willst du meine Frau werden?' Ohne ein ‚Ja' abzuwarten steckte er mir einen Ring an die linke Hand und gab mir den ersten Kuss."

Sie zeigte mir den Ring an ihrer schmalen Hand und dann ihr Fotoalbum, schluckte tapfer ihre Tränen runter: Eine strahlende Lisbeth und daneben ein siegesgewisser Kurt, hoch überm Rhein. Sie sehen so aus, wie Menschen eben aussehen, denen das Leben gerade ein großes Geschenk gemacht hat: einen Sohn, einen Olympiasieg, einen Lottogewinn.

Liesbeth schwieg auf Kurts Frage. Sie fuhren weiter. Mit dem geliehenen Fotoapparat machten sie auch Bilder am Deutschen Eck. „Und dann hatte die Mosel uns", sagte Lisbeth und strahlte wie auf den Fotos.

„Weißt du", sinnierte sie: „Er war einfach wunderbar. Nie hätte ich ihn mit zu uns nachhause gebracht, ehe wir verlobt waren. Weil er so aussah wie die jungen Männer in den schicken Filmheften, die im Friseursalon auslagen. Bei uns zuhause lebten wir in den Möbeln meiner Urgroßeltern und immer lag über allem der Geruch von Vergangenheit und Stolz und Vieh, dem ich wirklich nichts abgewinnen konnte. Von dem ich glaubte, dass er mich ersticken würde und ihn gleich mit.

Er hatte mir damals bei meinem ersten Besuch im Friseursalon meinen altbackenen Zopf abgeschnitten: mutig, schnell, einfühlsam. Wo der vorher gewesen war, lag dann seine Hand und während sie lange dort lag, schaute er mir über den Spiegel in die Augen. Erst viel später sagte er, dass sonst die Mädels beschämt weggeschaut hätten – ich hätte stattdessen energiegeladen gerufen: ‚Gut, dass er weg und Platz für Neues ist.' Er, der mittellos war, ein Kriegshalbwaise, der mit seiner Mutter, einer leidenschaftlichen Schneiderin, in einem Mietshaus mit Etagenklo wohnte, sagte, ohne seine Hand wegzunehmen und ohne den Blick aus meinen Augen abzuwenden, ich solle unbedingt Heinrich Spoerls Roman ‚Wenn wir alle Engel wären' lesen, die Geschichte ‚Frau Kempenich fährt Boot'.

Wir haben über dieses Buch und viele andere Bücher geredet, Samstag für Samstag – eine völlig neue Welt für mich; und einmal haben wir uns in einem Café getroffen, als das Getreide geerntet war, als der Sommer zu Ende ging.

Auf dem Weg dorthin schaute ich immer, ob mich niemand sah, den ich kannte. Alleine schon, sich mit einem mittellosen Friseur zu treffen, hätte für Gesprächsstoff und Friseurverbot gesorgt. Zum ersten Mal im Leben machte mir die Zukunft Angst.

Doch Kurt wartete schon auf mich: stark, sicher und kühn. Er bat mich, mit ihm auf den Spuren von Frau Kempenich zu reisen. Ich sagte: ‚Ja, am 7. November werde ich einundzwanzig, dann darf ich alleine reisen.' Er sagte: ‚Am 7. November fahren wir um 10 Uhr am Dom los. Ich warte auf der Treppe auf dich. Dann gehen wir in den Dom, beten für eine gute Reise und fahren los. Ich leihe mir ein Auto für eine Woche.' Wir wussten beide, was das bedeutet", strahlte Lisbeth.

Kurt hatte auf Empfehlung eines Freundes im Hotel und Weingut Benedict Benz-Lay in Neumagen-Dhron zwei Einzelzimmer gebucht. Anderes war Unverheirateten nicht erlaubt (wie ist das heute an der Mosel?). Von dort machten sie Ausflüge. Aber weiter als bis zur luxemburgischen Grenze haben sie sich nicht getraut. Im Saarland gab es gerade erst seit ein paar Wochen die D-Mark. In Trier kauften sie sich ein Buch und lasen sich gegenseitig daraus vor: in Cafés und im leeren Frühstücksraum des Hotels.

Lisbeth strahlte: „Für mich hatte es fast etwas Heiliges, ihm am Abend ‚Gute Nacht' zu sagen und ihn beim Frühstück wiederzusehen, mit ihm unter einem Dach zu schlafen. Wir hatten beide ein Zimmer mit Moselblick. Und auch das hat mich zutiefst gerührt: Den gleichen Blick aus dem Fenster zu haben wie er: auf den kleinen Park vor dem Haus und auf die Mosel, über den Fluss – das beruhigende und köstlich beunruhigende Gefühl: das Wasser bahnt sich seinen Weg.

Mein Vater tat unendlich streng, war ringsum gefürchtet und geachtet. Meine Mutter war die personifizierte Güte. Sie hatte eine Hauswirtschaftsschule am Bodensee besucht – das war zu jener Zeit fast schon kosmopolitisch. Sie war aus gutem Haus. Einige Tage ehe ich einundzwanzig wurde, hatte sie zu mir gesagt: ‚Die Liebe ist ein Spiel – federleicht tanzt sie uns durch den Sinn. Genieße diesen Rausch! Aber sie ist zugleich das Ernsteste in unserem Leben – lass dich von verwirrten Gefühlen nie zu Dingen hinreißen, die du ein Leben lang bereuen würdest! Mach dich rar! Ein Mann, der dich liebt und stark genug für dich ist, wird warten und sich nicht so schnell aus dem Konzept bringen lassen. Lass ihn lieber zu lange als zu kurz zappeln. Spar dich auf für den Mann, mit dem du den langen Weg gehen, viel aufbauen, schaffen, und das Kostbarste im Leben schenken willst: Leben. Auch Tiere paaren sich, wenn ihre Zeit gekommen ist. Auch sie finden Freude daran. Sonst würden wir aussterben. Doch schenk dich nur dem Mann in Liebe, der deine Liebe verdient, keinem, dem du nachlaufen müsstest. Einer, der sich keine Mühe um dich gibt, wird dich auch später nicht verwöhnen – wenigstens nachts, wenn die Wahlverwandtschaftssippe es nicht sieht. Du bist einzigartig! Du bist klug!‘"

Das unvermählte Paar kehrte nach einer Woche nachhause – ohne ein Zuhause zu haben.

Die Polizei war nicht informiert worden; man hatte sich erkundigt ... Lisbeth war rund um den Friseurbesuch stets aufgekratzter, als es ihrer Mutter lieb war. Also ließ sich Lisbeths Mutter, nachdem alle verängstigt und appetitlos vom Tisch aufgestanden waren, von ihrem Mann zum Friseursalon fahren (Lisbeth war wie in jeder Woche von ihrem Bruder zum Bahnhof gebracht worden und hatte von dort den Zug nach Köln genommen.) Sie wartete, bis der Salon schloss und ging dem Lehrmädchen hinterher. Sie erkannte es sofort. Lisbeth hatte manchmal von der „kleinen Schwarzhaarigen" erzählt: dass sie vermutlich arm sei und ungewöhnlich dankbar für Trinkgeld. Also sagte Lisbeths Mutter geradeheraus, dass sie Lisbeths Mutter sei. Sie müsse dringend den jungen Friseur erreichen, der Lisbeth sonst frisierte. Das Lehrmädchen versprach, über das Gespräch zu schweigen, nahm die fünf D-Mark Trinkgeld und verriet Lisbeths Mutter die Adresse von Kurts Mutter. Lisbeths Vater tobte im Auto, weil er die Straße lange nicht fand. Es war längst dunkel. Lisbeths Mutter nahm wohl all ihren Mut zusammen, als sie in der Mietskaserne bei Leni M., Damenschneiderin, klingelte.

Kurts Mutter kannte wohl nicht nur Lisbeths Namen und wusste, dass ihr Sohn mit seiner großen Liebe eine Woche lang auf Reisen gehen wolle. Leni M. sagte wohl, sie habe Vertrauen in ihren Sohn; dass er vorsichtig Auto führe und auch sonst alles sehr vorsichtig mache. Beide seien volljährig und ihnen keine Rechenschaft schuldig. Leni M. wurde die Schneiderin von Lisbeths Mutter und Lisbeths Tochter trägt heute noch zu besonderen Festtagen stolz einen der Mäntel, den Leni für Lisbeths Mutter schneiderte. In New York würde er stets bewundert, sie sofort in Festtagsstimmung versetzen, auch, wenn es nur bis zum nächsten Taxistand sei.

Am Ende jener Woche fuhr Kurt mit dem geliehenen Käfer auf den Hof von Lisbeths Familie, half Lisbeth aus dem Auto und ging mit ihr zur Haustür. Ihr Vater öffnete, stellte sich breitbeinig in den Türrahmen und schaute grußlos die Treppe herab. Lisbeth zitierte Kurt: „Guten Tag, mein Name ist Kurt M. Ich bitte um die Hand Ihrer Tochter Lisbeth. Es ist nichts geschehen, was Ihre Tochter zu diesem Schritt zwingen würde. Es ist ihr nichts widerfahren, was ihrem Ruf schaden könnte. Es war die glücklichste Woche meines bisherigen Lebens und Lisbeths hoffentlich auch. Ich kann mir meine Zukunft nur mit ihr vorstellen." Das hat den alten Bauern, der gewohnt war, den Ton anzugeben, dass alle für ihn sprangen, wohl so irritiert, dass er laut nach seiner Frau rief: „Maria, hier will jemand etwas kaufen. Sprich du mit ihm. Ich verstehe nicht, was er meint" (Maria, he well eener jet koofe. Kall Du met däm. Ich verston net, watt der will). Lisbeths Mutter hatte wohl mit Sicherheitsabstand im Dunkel des Flures mitgehört. Dann sei sie durch den Flur gelaufen, die Stufen herabgeeilt, hätte Lisbeth und Kurt gleich mit in den Arm genommen und zu ihrem Mann gesagt: „Er will unsere Lisbeth heiraten. So ein feiner Mann. Was hast Du für ein Glück, Lisbeth, du auch, Kurt!" (Dä will os Lisbett hierode. Sone feine Kääl. Watt Du för e Jlöck häss, Lisbeth. Un Du ooch, Kurt!)

Die Familie besaß Wald in der Eifel. Als sich der Schock gelegt hatte, beschlossen ihr Vater und ihre Brüder Holz zu schlagen und es zu verkaufen – für die Mitgift. „Er hatte ja nichts außer seinen talentierten Händen", seufzte sie leise und hielt tapfer die Tränen zurück. Die Familie hatte aus dem Holzverkauf Geld, ohne die Liquidität des Betriebes zu beschneiden. Und man hatte die Tochter elegant, standesgemäß mit Startkapital für ein Häuschen mit dem ersten winzig kleinen Friseursalon versorgt. Hier im Rheinland sind viele Höfe in der „Höferolle" – der älteste Sohn bekommt den Hof komplett (Primogenitur, ein Erbfolgeprinzip, bei dem alle anderen Geschwister ausgeschlossen blieben. Bei der Realteilung, die etwa südlich Aachen, Bonn, Marburg, Erfurt praktiziert wurde, wurde alles unter den Erben aufgeteilt, bis hin zur zerfledderten Familienbibel oder zerteilten

Backformen). Der Hof von Lisbeths Familie liegt nördlich dieser Linie. Ihr Bruder meinte es gut mit ihr. Sie und Kurt hatten Startkapital und haben viel daraus gemacht.

Lesen Sie noch? Der Reihe nach: Zuerst haben meine Tante und ich den 59er aus dem Kühlschrank genommen. Lächelnd strich sie über Ihre schöne Lackschatulle, lächelnd hob sie die Flasche 59er heraus, fühlte das Etikett und dann liefen ihr leise Tränen über die Wangen. Ich nahm mein italienisches Kellnermesser und schnitt die dicke pastelltürkise Staniolkapsel auf, bohrte den noch erstaunlich festen Korken an und wollte gerade beginnen, ihn herauszuhebeln, als meine Tante sagte: „Warte: Wie viel Zeit hast du?" – „Der Tag gehört dir", lachte ich. „Maach de Fläsch opp", sagte Lisbeth und mir wurde mulmig. Dieses Geräusch des Korkens beim Rausziehen ... dann liegen Himmel und Hölle so nah beieinander.

Zu den luxuriösen Habseligkeiten, die sie mit ins Altersheim genommen hat, gehören unzählige runde, geschliffene Gläser. Zuvor hatte sie gesagt: „Nimm die guten Treverisgläser – Kurt hat mir die beiden ersten auf unserer ersten Reise nach Trier gekauft." Diese Gläser sehen schrill aus. Kennen Sie sie?

Einen kleinen Schluck ließ ich in mein Glas fließen, fürchtend, dass der Wein korken könnte. Nein – kein Kork, nichts Negatives, stattdessen Blumenduft, Leder, Holz, Tee, Heu, Karamell und Pastis aus der Ferne. Ich schenkte meiner Tante ein, mir. Und dann ließ sie sich erzählen, wie ich an den Wein gekommen war und sie lachte fast ein bisschen und fragte, ob ich wirklich Ihnen und Ihrem Onkel die Geschichte erzählen würde. Ich versprach Anonymisierung. Ihren Vornamen dürfe ich sagen. Dann wartete ich.

Draußen fegte ein Gewitter gegen die Fensterscheiben. Das Seniorenheim ist eine Seniorenresidenz, in der die Menschen in recht großzügigen Apartments leben und nur die Umsorgung nutzen, die sie sich wünschen. Lisbeths Kinder leben beide in New York – die Tochter als zunehmend gefeierte Fotografin und der Sohn arbeitet an der Wallstreet. Und obwohl beide dem schönen Schein mehr als zugewandt scheinen, wollte keines ihrer Kinder die gutgehenden Friseursalons samt Immobilien in Köln übernehmen. Noch zu Lebzeiten ihres

Mannes haben sie einige der Salons verkauft und einen Rückzug in die Seniorenresidenz geplant. Als er dann mit zweiundsiebzig vollkommen überraschend starb, zog sie alleine in das Appartement. Dort riecht es nicht nach scharfen Reinigungsmitteln, abgestandenem Essen und abgestandener Luft wie sonst in diesen Häusern. Freundliche Menschen schwirren auf den Fluren herum und fragen, ob sie einem helfen dürfen, wenn man zu langsam geht – nur wenige mit dieser arroganten Beflissenheit und Teilnahmslosigkeit, die in großen Hotels üblich ist. In ihrem Appartement scheint besonders frischer Wind zu wehen. Und dann war da seit dem Öffnen der Weinflasche dieser Duft – und dieser Geschmack, der mich ein wenig verwirrte, weil er sich in kein mir bekanntes Raster einordnen ließ – Mosel ist nicht Piemont.

Sie stand auf und suchte aus ihrem Bücherregal, den 431 Büchern, die sie mitnehmen konnte, zielsicher eines aus: „Das hier ist so etwas wie eine Bibel – eine Bibel vom Wein und von jener Zeit, in der ich so glücklich war wie nie zuvor im Leben. Das Buch erschien 1960. Kurt und ich kauften es bei unserer zweiten Reise an die Mosel, jung verheiratet, als wir zum ersten Mal den 59er tranken: ‚Die großen Weine Deutschlands‘."

Sie ließ das Buch auf ihren Schoß sinken, strich liebevoll über die Seiten und begann erneut zu erzählen: „Wir liebten es, uns aus Büchern vorzulesen, aus diesem ganz besonders. Bis wir Kinder hatten, war das fast unsere liebste Freizeitbeschäftigung. Später hatten wir dann einen Fernseher …"

Sie schwieg, weinte leise und erzählte dann: „Kurt und ich lernten uns 1958 kennen. Es war im November, an meinem einundzwanzigsten Geburtstag. An diesem Tag war ich vor der Geburtstagsfeier beim Friseur und wurde von dem neuen Friseur frisiert. Ich war aufgeregt und nachher noch mehr. Und dann ging ich jede Woche zum Frisieren, las diese Modemagazine, in denen alles ganz anders aussah als bei uns zuhause und auch als auf der Höheren Mädchenschule bei Koblenz und der Landfrauenschule in Boppard, in der ich lernte, wie man einen Haushalt und Personal auf einem Hof führt, die Buchhaltung macht und ein Huhn schlachtet, um eine rundum gute Partie und erfolgreich verheiratet zu werden. Den sicheren Blick für einen guten Bullen, Eber oder Hengst hatte ich schon als Kind. Früh konnte ich fast kilogenau ihr Gewicht schätzen, und ihre Kraft auch.

Dass Kurt ein wunderbarer Geschäftsmann und Vater werden würde, war mir nach dem ersten Besuch im Salon klar – nicht, weil er mich durch den Haarschnitt äußerlich in die verwandelt hatte, die ich innerlich längst war, sondern, weil ich es an seinem Gang und seinem Blick spürte." Dann sagte sie: „Ich muss dem Herrgott für die vielen guten Jahre und unsere beiden gesunden, wunderbaren Kinder danken."

Sie klappte ihr Buch auf und begann zu lesen: „Laudatio des Moselweins – in Gestalt einer intimen Weinprobe, gehalten am 14. November 1959." Stefan Andres schreibt über einen 1957er Ayler Herrenberg (Saar), (ich habe mir die Seiten und den Titel im Verwaltungsbüro der Seniorenresidenz kopiert, damit ich es Ihnen wortgetreu schreiben kann): „Die Klarheit des Weines geht bis zum Schwarzglanz, seine leicht beweglichen Bukettstoffe sind unsichtbare schwebende Gärtchen." Schwebende Gärtchen! Lisbeth las mir diesen Begriff ein paarmal vor. Und er schreibt über einen 1953er Brauneberger Juffer: „Ein Wein großer Art: ... blickt man durch seinen hellgrünen, kristallklaren Leib, entdeckt man die schlierigen ‚Fensterchen‘, die sein bereits leicht öliger Körper im Herablaufen an die Glaswand zeichnet. Seine Fruchtbeersüße ist stark, aber nicht aufdringlich, sie wirkt wie aus der Ferne kommend ... man möchte sagen: Sonettcharakter ..."

Lisbeth las vor, was Andres über einen 1921er Eitelsbacher Karthäuserhofberg (Ruwer) scheibt: „Der 21er Jahrgang war, sowohl was die Güte, wie die Menge angeht, ein Wunderknabe. Die Blüte war ungefähr genauso früh wie bei den beiden großen Jahrgängen 1949 und 1959 ..." Und weiter heißt es: „Ein königlicher Wein, von dem man sich nicht ohne Schmerz verabschiedet, denn man ahnt, dass man ihm wahrscheinlich nie mehr begegnet."

„So, wie es Andres beschreibt, war es auch, als ich hier eingezogen bin – ahnend, dass es mein letztes Kapitel sein wird, dass ich vieles hier zum letzten Mal sehen werde und vieles schon zum letzten Mal gesehen habe, vielem nie mehr begegnen werde. Dass du diese Flasche 59er aufgetrieben hast und von mir diese Geschichte erzählt bekommen wolltest – das rührt mich sehr. Und manches davon habe ich noch nie jemandem erzählt", sagte Lisbeth.

Dann strahlte sie mich an, so, wie sie mich früher immer angestrahlt hatte, als ich noch ein kleiner Junge war. Für mich als Bauernjunge war sie immer ein bisschen wie von einem anderen Stern und die anderen aus meiner Familie verstanden nie, warum ich sie anbetete, lachten mich aus und meinten, ich könne ja Frisör werden – und Frisör klang dann so, wie man „Windpocken" sagt. Und manchmal sagten sie auch, dass ich ja so wie sie ein Martinsbildchen sei.

Als ich gehen wollte, legte mir Lisbeth ihre Hand auf den Arm und sagte: „Jan, mein lieber kleiner Jan: Reife Weine sind wunderbar, voller Geheimnisse und Erinnerung. Aber ich möchte bei dem Winzer, der dir den Wein hat zukommen lassen, einen Karton vom jungen Wein aus dieser Lage bestellen – er wird mit uns zusammen alt, das ist zutiefst tröstlich." „Einen Wein mit Lagerpotential zu kaufen heißt, auf die Zukunft zu vertrauen, auf kommende Sternstunden, Anlässe, um das Leben zu feiern" – das hatte Lisbeth zu mir gesagt, als ich 18 Jahre als wurde, als sie mir einen Karton aus meinem Geburtsjahrgang schenkte.

Aber: ich weiß noch immer nicht, wie eine Moselanerin aussieht, die Ophelia heißt, die ein Bed and Breakfast als ihres bezeichnet, dessen Internetseite jemand anderes im Impressum als Besitzer ausweist, die mich dazu bringt Familiengeheimnisse auszuplaudern. Ich fände es also wunderbar, wenn auch ich eine Geschichte bekäme und werfe Ihnen hiermit einen zarten Fehdehandschuh zu: als ich in Israel war, haben wir natürlich zwischen den landwirtschaftlichen Betrieben auch ein Weingut besucht. Ich versuche schon die ganze Zeit, mich zu erinnern – aber es fiel kein Wort zu biblischem Wein. Es war immer nur von dem Winemaker aus den USA die Rede, den aktuellen Trends auf dem Weltweinmarkt – haben Sie oder Ihr Onkel eine Erklärung dafür? Als Sie mir neulich von der Wechselbeziehung zwischen Weinanbau und Christentum erzählten, dachte ich an Lisbeth – mit welch tiefem Ernst sie von dem Wein spricht, auch, wenn sie ihn eindeutig mit damals äußerst Sündigem in Verbindung bringt.

Und mir fiel auch das hier ein – als Kind habe ich es Sonntag für Sonntag in der Kirche gehört und dabei Weihrauch in der Nase gehabt und mir versucht vorzustellen, wie dieser vom Pastor so hoch gehaltene Wein wohl schmeckt:

„Denn am Abend, an dem er ausgeliefert wurde und sich aus freiem Willen dem Leiden unterwarf, nahm er das Brot und sagte Dank, brach es, reichte es seinen Jüngern und sprach: NEHMET UND ESSET ALLE DAVON: DAS IST MEIN LEIB, DER FÜR EUCH HINGEGEBEN WIRD. Ebenso nahm er nach dem Mahl den Kelch, dankte wiederum, reichte ihn seinen Jüngern und sprach: NEHMET UND TRINKET ALLE DARAUS: DAS IST DER KELCH DES NEUEN UND EWIGEN BUNDES, MEIN BLUT, DAS FÜR EUCH UND FÜR ALLE VERGOSSEN WIRD ZUR VERGEBUNG DER SÜNDEN. TUT DIES ZU MEINEM GEDÄCHTNIS.“

Meine evangelischen Freunde durften nach der Konfirmation Wein trinken, wir nicht mal nach der Firmung. Uns blieb nur, den Weihrauch zu riechen und zu hoffen, dass wir nicht wie all die aufgeregten Mädels davon in Ohnmacht fallen würden. Und das wäre so schlimm gewesen wie Friseur zu werden ...

In Vorfreude auf Ihre Gedanken zu Weihrauch und Wein und Traditionen, ergebenst

Ihr Jan Hermann

Sommerath/Mosel, 9. Juni 2005

Sehr geehrter Herr Hermann,

was für eine Geschichte! Vielen Dank!

Sie wird auch Onkel Theo, Jahrgang 1945, gefallen, ihn rühren und berühren! Danke!

Ich freue mich darauf, sie ihm bei der nächsten Gelegenheit vorzulesen – ich drucke sie selbst aus.

In den Weinbergen gilt es das Grün zu zügeln – es könnte etwas dauern, eh ich ihn erwische ...

Ich schlage vor, dass Onkel Theo eine aktuelle Preisliste zu Ihren Händen an den Bauernverlag sendet, die Sie dann an Ihre Tante weitergeben, die den Wein direkt bei Onkel Theo im Weingut bestellen kann. Normale Weine versendet er mit der Post, ab zwölf Flaschen frei Haus.

Und ich freue mich sehr auf Ihren Besuch hier mit Ihrer Tante. Machen Sie das, ehe der Sommer zu Ende geht, ehe sich Herbst- und Wintermelancholie ausbreitet. Nicht, dass es dann hier nicht schön wäre. Ich liebe die Winterfahrten entlang der Schiefermauern, die die Sträßchen säumen, die sich entlang der Berge durch die Weinberge tasten. Es ist wahrhaft mystisch hier, wenn Raureif auf Reben und Gräsern liegt und nur manchmal der Nebel aufreißt und den Fluss frei gibt, wenn die Schiffe nur schemenhaft zu erkennen sind und der Nebel die Warnhupen der Schiffe dumpf klingen lässt. Jetzt wird es leichter für sie sein, jetzt, wenn ein Tag so lang ist wie zwei.

Seit Ostern ist unser kleines Haus ausgebucht und das bleibt voraussichtlich so bis Silvester. Jetzt kommen noch entspannte Genussreisende, dann die Sommerferiengäste, quirlige Familien, auch, weil es oben auf Zummet auf dem Berg ein mondänes Freibad mit Aussicht gibt. Gemächlicher wird es mit den Septembergästen. Im Oktober kommen die Aktiven, die mit in die Lese gehen wollen (und dann am dritten Tag muskelverkatert kapitulieren). Ab November kommen die Musiker, die im Kloster Machern und winzigen Dorfkirchen neue CDs einspielen. Gerne suche ich für Sie anderswo nach einer Übernachtungsmöglichkeit.

Die Geschichte, wie es mich hierher zurück verschlagen hat, ist lang und langweilig. Das Bed and Breakfast gehört meiner Tante, die derzeit in Kalifornien lebt.

Zu Ihrer Frage nach dem Wein. Ich bin keine Weinexpertin. Ich lerne in kleinen Schlucken dazu. Es ist köstlich. Und je mehr ich erfahre, umso klarer wird mir, wie wenig ich weiß. Ich habe keine Ahnung, warum Ihr Winemaker in Israel nicht von diesen Traditionen sprach. Vom Besuch eines einzigen Weingutes in einer Region lernt man wenig, kann nicht auf eine Region schließen. Zumindest hier, wo alle Dickköpfe und Individualisten sind – nur die haben hier überlebt. Man muss mindestens zwei besuchen, würde ich sagen, so, wie man auch zwei Punkte braucht, um eine zielgerichtete Linie zu ziehen.

Hier an der Mosel, mit diesen unendlich vielen Mäandern müsste man unendlich viele Weingüter besuchen um zu sagen, man kenne den Weinbau hier ... Hinter jeder Kurve gibt es eine neue Welt und frischer Wind kommt nicht überall hin (vielerorts gibt es auch keinen Handyempfang – für Ruhesuchende wahrer Luxus: nicht erreichbar sein!) ...

Vielleicht waren Sie in Israel ausgerechnet bei einem, dem es an Selbstbewusstsein fehlt, der imitiert, Winemaker befragt, Trends hinterherhechelt, statt sich seiner stilprägenden, und im Falle Israels sogar mehr als „lifestyle"-prägenden Wurzeln bewusst zu sein!

Weihrauch hat mich auch immer fasziniert, vielleicht, anders als Sie, mehr noch als der Wein: „Die Heiligen Drei Könige aus dem Morgenland waren gekommen, um dem Kind in Bethlehem zu huldigen und brachten ihm Gold, Weihrauch und Myrrhe." Wenn ich das als Kind hörte, schwebte ich sofort in Andacht und Ehrfurcht, fühlte mich geborgen und zugleich weit weg. Später erst versuchte ich mir vorzustellen, wie das hier damals wohl gewesen sein musste, als die Menschen zum ersten Mal im Leben Weihrauch gerochen haben – Düfte aus dem Morgenland, die die Gebete in den Himmel tragen: fremd, voller Geheimnisse – die Sinne in ein Märchen aus Tausendundeiner Nacht katapultierend – Verwirrung, flüchtige Verführung und Versuchung in der Nase, mitten in den Körper geatmet, der für einen Augenblick, einen Atemzug aus Ewigkeit vergessen könnte, dass er in einer Dorfkirche steht, auf einer harten Holzbank sitzt oder mit gesenktem Haupt kniet.

Hier sind manche Dörfer älter als das Christentum – obwohl der Trierer Dom als älteste Kathedrale nördlich der Alpen gilt. In Mehring etwa steht die Kirche außerhalb des Dorfes, weil der Kern des Dorfes bereits stand, ehe die römischen Besatzer auch das Christentum hierher brachten.

Ein emeritierter Geografie-Professor aus Trier vermag mit wunderbarer Stimme die Eigenheiten der Moseldörfer, ihre einmalige Dichte an römischem Erbe, zu besingen. In manchen Dörfern finden sich neben der „außerhalb" stehenden Kirche zudem gehäuft „blind endende Nebengassen", wie man sie sonst in Italien findet – halb

urbane Räume, von Clans besiedelt, in die nur geht, wer dort wirklich was verloren hat. Und er besingt neben der Sitte, immergrüne Pflanzen vor die Haustür zu stellen, wie man das am Mittelmeer macht und dann die Rhone hinauf bis hier an die Mosel, viele andere Eigentümlichkeiten: beispielsweise die vielen Reliktworte aus Römertagen – sie haben sich im Dialekt der Moselaner manifestiert, in den vor frischem Wind schützenden Kurven des Flusses hielt sich die Sprache der Römer Jahrhunderte länger als in den dann von Franken besiedelten Hochebenen von Eifel und Hunsrück. Noch heute sagen die Moselaner in ihrem Dialekt: Port, Cov, Lel, Fräjel und Term. Worte, die eher nach den lateinischen Worten porta, corvus, lagoena, fragum und terminus als nach den hochdeutschen Begriffen Tür, Rabe, Eimer, Erdbeere und Endpfahl klingen. Er ist ein bezaubernder älterer Herr, der mit einem knallroten Motorroller durch die Stadt fährt und davon erzählt, dass Trier ein Zentrum für römische Lebensart war …
Martinsbildchen kenne ich hier keine – was ist das?
Fragt, mit herzlichen Grüßen
Ophelia Lay

PS Ja, diese Liebe zu Familien-Erbstücken kann ich gut verstehen, dass Ihre Cousine den Mantel in Amerika mit einem besonderen Gefühl trägt. Ich habe von meiner Mutter zum Abschluss des Studiums eine Perlenkette geschenkt bekommen, die sie von ihrer Mutter zum Ende des Studiums geschenkt bekommen hatte. Es war immer der Traum von meiner Großmutter gewesen zu studieren, vielleicht sogar in Piacenza in Italien, wie ihre Cousine, deren Mutter nach Trier geheiratet hatte. Jede Perle steht für einen anderen Schmerz, der so ins Leben eingebaut wurde, dass er schließlich doch noch Schönes entstehen ließ. Ein Sandkorn in einer Muschel.

Ophelia Lay,

ja, die Moselaner scheinen ein possierliches Völkchen zu sein – sie kämpfen sich tapfer durch endlos lange Geschichten und Sie belohnen mich dafür mit Ihren – vielen Dank! Vielen Dank für Ihre Geschichte. Ich fühle mich beschenkt.

Martinsbildchen nennt man in meiner Heimat bei Köln Kinder, die um den Martinstag herum geboren werden – neun Monate nach Fastnacht. Bei ihnen freuen sich die Familien besonders, wenn sie ab dem ersten Tag dem Vater „wie aus dem Gesicht geschnitten" sind und nicht „aus der Art" schlagen.

Welche Musiker kommen zu Ihnen?

Lisbeth erzählte mir noch von ihrer zweiten Moselreise, im Frühling 1960. Sie seien, nun vermählt, mit dem Zug nach Trier gefahren und hätten dort am 3. April die Matthäus-Passion in der Basilika gehört – der einstigen Empfangshalle des römischen Kaisers. Sie seien nur ins Konzert gegangen, um in den gigantischen Bau zu kommen. Und sie schwärmte: „Zufällig sang dort der damals noch unbekannte Sänger Fritz Wunderlich – sein warmer Tenor zog uns in seinen Bann. Seine Stimme war überirdisch schön. Er sang den Evangelisten." Später hätten sie sich viele Schallplatten von ihm gekauft, seien ihm sogar hinterher gereist. Schlimm sei gewesen, dass sie jedes Lied, das sie einmal von ihm gehört hatten, nie wieder von jemand anderem hätten hören wollen. Und sie hätten immer beide gesagt: „So klingt die Mosel." Obwohl er ja Pfälzer und später zusätzlich Kosmopolit gewesen sei ...

Wie klingt die Mosel?

Fragt, müde, in wohliger Neugier auf Ihre Antwort

Ihr Jan Hermann

Verehrter Herr Hermann,

Onkel Theo verehrt Fritz Wunderlich auch sehr. Eine Stimme, die süchtig machte, immer noch macht. In seiner Heimatstadt Kusel gibt es ein Museum – einige meiner Gäste waren begeistert dort – das wäre sicher auch etwas für Ihre Tante, wenn es ihr nicht zu nahe geht, die doch Jahrgang 38 sein müsste, wenn sie 1959 einundzwanzig wurde. Sie ist wirklich zu jung, um ohne Neugier zu sein! Ich glaube, Sie tun ihr gut!

Schnell zu Ihrer Frage, wie für mich die Mosel klingt: Anfang Mai war eine Weinenthusiastin hier auf Riesling-Pilgerreise. Sie war um die siebzig, erblindet und erzählte mir, dass sie, seit sie nicht mehr sehen, umso besser riechen und schmecken und hören kann. Sie fragte mich auch, wie für mich die Mosel klingt. Sie erinnere sich an ihre Moselreise vor dreißig Jahren, die aber nur von Cochem bis Trier gegangen sei. Sie erinnere sich, „wie schroff manche Felsen sind. Aber drumherum ist es strahlend und lieblich, zärtlich und sanft und durch die wilden Berge lässt sich die Mosel fließen und lässt die Reben hoch hinauf wachsen, wirft die Sonnenstrahlen zurück, glitzert." An diese Landschaft könne sie sich erinnern. Und das erzähle ihr auch heute noch der Riesling von der Mittelmosel, „weil er den Boden spiegelt – eine kapriziöse Diva ist." Sie strahlte und fragte: „Wie klingt für Sie die Mosel?" Klingt sie für Sie wie die „Moldau"? Nein! Ich antwortete ihr dasselbe wie Ihnen:

Smetanas schwermütige Moldau kennt jeder. Wächst dort Wein? Die Mosel klingt für mich nach dem Satz „Szene am Bach" aus Beethovens Pastorale. Alles an diesem Stück klingt nach unserer Landschaft hier an der Mittelmosel. Und es erstaunt mich nicht: Die Mutter Ludwig van Beethovens wurde 1746 als Maria Magdalena Keverich in Ehrenbreitstein geboren – Tochter des Johann Heinrich Keverich, der 1733 als Koch an den Kurtrierischen Hof gekommen war und aus dem Nachbardorf Köwerich stammen soll, das sich damals noch Kewerich schrieb. Sie heiratete Johann van Beethoven – Hoftenorist in der kurkölnischen Kapelle. Vermutlich am 16.12.1770 wurde in der Bonner Bonngasse 20 (dem heutigen Museum, dem Beethovenhaus) Ludwig van Beethoven geboren. Am 5.11.1792 soll er im Koblenzer Gasthof ‚Zur Post" übernachtet haben, den Johann Wolfgang von Goethe am Morgen verlassen hatte. Goethe soll dann auf seiner Moselfahrt das geschrieben haben: „Die vielen Ortschaften zu beiden Seiten gaben den muntersten Anblick; der Weinbau, überall sorgfältig gepflegt, ließ auf ein heiteres Volk schließen, das keine Mühe schont, den köstlichen Saft zu erzielen." Wie gerne würde ich in dieses Haus in jener Zeit abtauchen, nur für einen Tag Maus spielen oder meinetwegen auch Köchin oder Kammerdienerin, Magd, sehen, wie es damals dort war, kosten, was damals dort gegessen und wie es zubereitet wurde.

Mit herzlichen Grüßen

Ihre Ophelia Lay

PS Die Dame liebt die Konzerte des Mosel-Musikfestivals, hat für den Sommer fünfmal ein Zimmer gebucht, wenn hier in intimen Konzerten Weltstars das Tal zum Klingen bringen. Der Festival-Intendant ist einer der charmantesten Männer im Tal ...

Münster, 21. Juni 2005

Frau Ophelia,

Sie bringen mich auf eine Idee: ich schenke meiner Tante einen mobilen CD-Player mit einer Beethoven-CD und einer von Fritz Wunderlich, den sie dann bei Spaziergängen am Rhein mitnehmen kann. Klingt die Mosel überall nach den „Szenen am Bach" oder gibt es noch andere Stücke?

Ich habe wirklich überhaupt keine Ahnung von klassischer Musik, bin hilflos, jungfräulich. Ein „Wagnerianer" hat sie mir vergällt. Er blieb von der neunten bis zur zehnten Klasse mein Musiklehrer, bis ich Musik abwählen konnte. Gleich in der zweiten Woche spielte er uns mit Glanz in den Augen eine Platte vor, sagte leise, Buchstabe für Buchstabe betonend: W A G N E R und fragte, wo die Musik hinpasse, welcher Ort von ihr durchdrungen sei. Wilhelm, der dicke Nachbarsjunge, dessen Großvater alle Bauern in der Nachbarschaft den „Geier" nannten, weil er immer die alten Leute, die Feld besaßen und gesundheitlich angeschlagen waren, umschwirrte, streckte seine Wurstfinger hoch, schnipste, wurde aufgerufen und verkündete strahlend: „Bayreuth". Lisbeth hatte mir zufällig ein paar Tage zuvor von Wagner erzählt. Ich stellte mich hin und sagte, ohne aufgerufen worden zu sein: „Auschwitz, Dachau, Plötzensee". Bei der Klassenarbeit schrieb ich es nochmal. Das Beethovenhaus steht in Bonn. Ich war noch nie dort. Vielleicht könnten Sie mir meine Schwellenangst nehmen? Wann haben Sie Zeit?

Warum meine Tante schon in der Seniorenresidenz lebt: Sie und ihr Mann hatten gerade ein Appartement in der Seniorenresidenz angekauft – einem schicken Appartementhaus am Rheinufer, in dem auch schon einige ihrer Freunde und früheren Kunden leben – ein „Wellnesshotel" mit Zimmerservice und medizinischem Notdienst, jederzeit per Telefon erreichbar und irgendwann – in möglichst weiter Ferne hoffentlich – dann auch gegebenenfalls eine Pflegekraft. All-inclusive eben. Ihre Kinder leben in Amerika.

Wie klingt die Mosel? Überall nach Beethoven? Wie sieht ein Tag in Ihrem Bed and Breakfast aus? Vielleicht sollte ich einmal eine Reportage über Ihr Haus machen, den Bauern erzählen, wie Ferien im Winzerhaus ablaufen – wäre ich willkommen? Und vielleicht haben Sie Zeit, mir zu erzählen, was Sie an die Mosel verschlagen hat? „Lang und langweilig" sei die Geschichte, haben Sie geschrieben. Erzählen Sie mir mehr?

Fragt neugierig

Ihr Jan Hermann

Sommerath/Mosel, 21. Juni 2005

Lieber Jan Hermann,

haben Sie Zeit, Ihre Tante ins Auto zu laden und mit ihr die Mosel zu bereisen? Von oben bis unten. Sie sind immer herzlich willkommen hier bei uns am Fluss, der überall anders klingt und auch ohne Wein berauscht. Und an manchen Orten ist Mademoiselle Moselle zum Niederknien schön, so, als wäre man dort zuhause und wollte nie wieder weg.

Wie schade, dass Sie bisher keinen Zugang zu klassischer Musik haben. Ich bin mir nicht sicher, ob alle Wagnerianer aus dem gleichen Holz wie Ihr Lehrer und der Nachbarsjunge geschnitzt sind. Mich persönlich berührt sie einfach nicht, bringt nichts zum Schwingen, gehört nicht zu der Musik, die mir den Staub des Alltags von der Seele flutet. Was ist aus Wilhelm geworden? Arme Socke!

Klassische Musik ist wie Wein – die Entdeckungen sind das Aufregendste, das erste Mal, wenn man ein Stück hört und fast zu atmen aufhört, weil man nichts, nichts, nichts vom nächsten Akkord verpassen will. Vielleicht ist das ein wunderbarer Appetizer auf die Mosel: Haben Sie Zeit, sich durch YouTube-Videos zu hören? Vielleicht zusammen mit Ihrer Tante, über deren Geschichte ich immer wieder nachdenken muss!

Für mich klingt die Mosel überall anders, weckt in jeder Jahreszeit und in jeder Stimmung andere Gefühle. Das hier ist also nur ein Versuch. Mein Privatversuch. Jetzt, wenn der Sommer nicht mehr weit ist, wenn ein Tag so lang ist wie zwei und sich die Sonnenstrahlen warm auf die Haut legen, hat die Mosel ein besonderes Blau. Jetzt ist es wirklich magisch hier. Die Reben blühen: ein kaum sichtbares Spektakel, das nur wenige Tage dauert. Es beginnt in den Südhängen, wandert von den Steillagen in die Talsohle. An den Abenden von trocken-warmen Tagen sinkt kühle Nachtluft vom Hunsrück und der Eifel ins Moseltal und trägt den Duft der blühenden Reben ins Dorf, in die Fenster, die in diesen kurzen, hellen Nächten oft offenstehen, bis in die Betten. Geheimnisvoll – wie jene klaren Tage im Frühling und Herbst, an denen Kraniche über die Mosel ziehen. Vielleicht lacht dann ein Heiliger, und sein Lachen ist einer der Rufe aus dem Schwarm der Kraniche. Für kein Geld der Welt kann man das Datum bestimmen und wenn dieser köstliche Moment gekommen ist, kann man nur eines: Gott danken, dafür und dass man Ohren hat und ein hungriges Herz. Das Wort Hunger ist unpassend, aber „Sehnsucht" ist zu sanft für dieses Gefühl, Durst könnte passen. Oder auch Lust. Lust der Ohren, der Augen, die sich des Körpers bemächtigt, der Seele.

Ganz oben an der Quelle, dreihundertzwanzig Kilometer südlich von hier, drückt der Westwind regenschwere Wolken vom Atlantik in die Vogesen. In der Nähe gibt es eine Landschaft voller Weiher und Legenden, das Plateau des Mille Étangs – die Hochebene des Tausend-Seen-Gebietes. Es klingt nach Claude Debussys „Prélude à l'après-midi d'un faune" oder Erik Saties „Gymnopédie No. 1". Zärtlich und zaghaft entspringt Mademoiselle Moselle am Col de Bussang und bahnt sich als kleiner Bach den Weg. Viele andere kleine Bäche lassen die kleine Moselle schnell zum Fluss wachsen.

Und dort in diesem Netz aus mehr und mehr kleinen Bächen, die die Weiden, Wiesen und Wäldchen durchziehen, klingt es nach dem Satz „Schafe können sicher weiden" aus Johann Sebastian Bachs Jagdkantate – heiter und leicht und unbeschwert. Jetzt, wenn es hier schon sommerheiße Tage gibt und die Sommersonnenwende naht, die Reben vielleicht schon verblüht sind, ist dort oben noch Frühling; die Schafskälte könnte den Lämmern noch zu schaffen machen.

Kennen Sie Antonín Dvořáks „Humoreske": „Eine kleine Frühlingsweise"? Fritz Wunderlich hat sie gesungen.

Gut dreißig Kilometer flussabwärts schmiegt sich Remiremont ins Tal: ein Städtchen irdischer Köstlichkeiten. Weitere dreißig Kilometer flussabwärts drohnt Epinal: mit dreißigtausend Einwohnern schon eine kleine Stadt. Weitere hundert Kilometer weiter, vorbei an Charmes, kommt man nach Toul. Wenn ich durch die kleine Stadt laufe, ist es mir so, als hätte ich nie woanders gelebt. Lunéville sieht so aus wie es klingt: eine kleine, elegante Stadt mit einem Schloss, dessen Park im Mondlicht wie von einem anderen Stern anmutet. Sie alle klingen nach Chopin, wenn Daniel Barenboim ihn spielt.

Hoppla, nochmal zurück: wenn man von Charmes sechzig Kilometer gen Westen fährt, kommt man nach Domrémy-la-Pucelle: ein Dorf mit 150 Einwohnern. Im Jahr 1412 wurde dort Jeanne d'Arc geboren. Ihr huldigten und huldigen viele Musiker: Schillers Tragödie „Die Jungfrau von Orleans" wurde von Giuseppe Verdi als „Giovanna d'Arco" (1845) vertont. Auch Tschaikowskis Oper „Orleanskaja dewa" (1881) beruft sich darauf. Gioachino Rossini schrieb 1832 „Giovanna d'Arco". Georges Brassens sang von „Jeanne la bonne Lorraine", Leonard Cohen über die „Joan Of Arc" und Kate Bush von „Joanni".

Nancy ist die Perle der Städte nah bei der Mosel. Die Meurthe durchfließt den Ort, in dem einst die lothringischen Herzöge residierten. Bekannt ist die Stadt für ihren Jugendstil - überwältigend ist ihr barockes Erbe. Kennen Sie die Köstlichkeiten, von denen man sagt, dass Stanislas sie erfunden oder ihnen zumindest zu Popularität verholfen hat? Bergamotte-Bonbons, Madeleines, Makronen, Quiche Lorraine und Königin-Pastetchen. Der entmachtete polnische König Stanislas Levcinsky wurde lothringischer Herzog und berauschte sich statt an Macht an den erbauten Schönheiten seiner Architekten. Zusammen mit seinem Schwiegersohn Ludwig XV. gab er den Bau des Platzes in Auftrag: 1751-1760 fertiggestellt erstrahlt er in zierlichstem Rokoko. An diese Pracht erinnern mich Vivaldis Vier Jahreszeiten – und obwohl ich den Frühsommer liebe, klingt mir sein Winter am aufregendsten. Er erinnert zugleich an Leid und Blut, das auch hier vergossen wurde. In manchen Dörfern Lothringens listen Kriegerdenkmäler Familien auf, deren Söhne mal für Deutschland, mal für Frankreich sterben mussten. Mahlers Symphonie No. 1 erzählt von so viel Traurigkeit.

Metz ist unerhört schön. In der Kathedrale gibt es Fenster von Chagall und das Pariser Centre Pompidou baut in der Stadt eine futuristische Dependance – japanische Architekten planen. Alt und neu, Glanz und Elend, Krieg und Frieden sind hier „geschüttelt und verrührt". Jeder Schritt durch die Stadt erfüllt mich mit Feierlichkeit. Ich liebe es, barfuß über das alte Pflaster zu laufen und so die Geschichten, die sich dort zugetragen haben, besser fühlen zu können. Außer in der Markthalle am Ufer der Mosel. Dort trage ich natürlich meine Schuhe. Und schaue auf die Füße derer, die dort kaufen und verkaufen. Ich liebe es, hierher zum Einkaufen zu fahren: reges Treiben, bezahlbare Köstlichkeiten, hoffentlich für jedermann. An manchen Ständen kaufen die Damen in Chanel und gleich nebenan die mit ausgetretenen Schuhen; Frauen, die tausende Kilometer südlich von Paris, südlich des Meeres geboren wurden. Ich weiß nicht, wer von ihnen besser kocht. Mir kommt Tschaikowskys bewegte Nocturne in den Sinn. Am liebsten höre ich sie von Jan Vogler. Von ihm liebe ich auch „At the Fontain" von Davidoff.

Es passt vielleicht nach Schengen, wo das moderne Europa begründet wurde, von wo aus für uns Europäer so viel Gutes sprudelt.

Ungeheuer nett sind die Menschen dort, der Weinbaupräsident vielleicht einer der lustigsten in ganz Europa. Der Bürgermeister der kleinen Gemeinde, in der sich die Mächtigen Europas die Klinke des Europazentrums in die Hand geben, sagt: „Wir sind ein Winzerdorf. Wir leben im Rhythmus der Reben. Und weil die fest verwurzelt sind, sind wir es auch."

Weiter flussabwärts schaffe ich es heute nicht mehr. Schnell noch das, eh mir der Kopf auf die Tastatur sinkt, und Ihnen auch: der aus Luxemburg stammende Fotograf Edward Steichen stellte ab 1951 für das New Yorker Museum of Modern Art (MoMA) die Ausstellung „The Family of Man" zusammen: 503 Aufnahmen von 273 Fotografen aus 68 Ländern. Es geht um Liebe, Glaube, Geburt, Kinder, Familie, Arbeit, Krieg und Frieden - die Würde jedes Einzelnen und die gemeinsame Natur der Menschenfamilie; unabhängig von Land, Klasse, Kultur, Religion, Alter und Geschlecht. Sie stammen von Fotografen wie Henri Cartier-Bresson, Alfred Eisenstaedt ... und Amateuren. Nach der erfolgreichen Ausstellung in New York wanderte die Ausstellung durch 38 Länder, wurde von über neun Millionen Menschen gesehen. 1966 erhielt das Großherzogtum Luxemburg sie von den Vereinigten Staaten als Geschenk. Edward Steichen hatte es sich so gewünscht. Menschen aus der ganzen Welt pilgern ins Schloss von Clervaux, um sie zu sehen.

Ich muss jetzt ins Bett, sehr geehrter Herr Hermann. Ich werde von Beethoven träumen und mir ausmalen, was der Koch des Kurfürsten wohl einst seinem Herrn zum Frühstück kredenzt haben mag, was im Gasthof den Herren Beethoven und Goethe serviert wurde, was Stanislas speiste und die Bilder von Clervaux vor mir sehen: Ein Bauer ist ein Bauer. Ganz gleich, wo auf der Welt er ein Feld bestellt. Eine Mutter ist eine Mutter, ganz egal, wo sie ihr Kind zur Welt bringt.

Ihnen, Herr Hermann, sommerleichte Träume wünschend

Ophelia Lay

PS Einer der mir bekannten Schätze in der Bibliothek unseres Hauses ist das „Trierische Kochbuch – Aus dem Nachlass einer Trierischen Dame". Es ist von 1857. Meine Gäste lieben den Wawerner Kaffeekuchen daraus. Überall auf der Welt sind Menschen zu Gast ...

Und Kirchschlager, hören Sie Angelika Kirchschlager, wenn sie „Vergnügte Ruh" singt. Vielleicht berührt das Menschen überall auf der Welt.

♥

Münster, 23. Juni 2005

Ophelia Lay,

in den vergangenen Nächten hab ich wenig geschlafen und entdecke klassische Musik – Bach und Co. rocken mich in der Nacht, und alles nur wegen diesem alten Wein. Meine Kollegen sagen, ich sei unausgeschlafen ...

Nicht wegen Wilhelm – der ist einer dubiosen Vereinigung beigetreten, hinterzog Geld seiner Eltern und kaufte nicht Dünger, sondern besuchte immer teurere Seminare und stürzte dann unter mysteriösen Umständen mit einem Flugzeug ab. Seine couragierte Schwester übernahm den Betrieb, wurde von einem noch reicheren Bauern geheiratet. Früher war sie oft zu unseren Pferden gekommen.

Mich treiben andere Fragen um: Wie klingt die Mosel weiter flussabwärts, wie sieht ein Tag in einem Bed and Breakfast an der Mosel aus, was gibt es zum Frühstück? Welche Gäste kommen zu Ihnen? Was hat Sie denn nun an die Mosel verschlagen? Was speiste Stanislas? – immer nur Bergamotte-Bonbons, Quiche-Lorraine und Madeleines ... War das gesund? Was hatte der denn für Zähne?

Vielleicht sollten wir zusammen das Beethovenhaus und dann Nancy und Metz besuchen und ich könnte Ihnen lauschen? Kennen Sie das Arp-Museum, das in Remagen gebaut wird? Ich werde morgen einen Bauern in Mecherich-Wachendorf besuchen, der mit Peter Zumthor eine Bruder-Klaus-Kapelle baut und dann noch mit einem Studienkollegen das Arp-Museum besichtigen, an dem gerade gebaut wird – er ist als Bruder im Kloster Maria Laach gelandet, wo er vor dem Studium eine Lehre gemacht hat – bei Pater Willibald. Er war eine Institution, eine Ausbildung bei ihm ein „Ritterschlag". Die Frauen im Semester verehrten Helmut sehr und sagten, dass er ins Kloster ginge, das sei „echt Perlen vor die ..." Seit Jahren hat er mich eingeladen – kennen Sie Maria Laach? Wann haben Sie Zeit für ein Treffen, morgen? Kommen Sie mit nach Maria Laach?

Fragt, mit herzlichen Grüßen

Ihr Jan Hermann

Lieber Jan Hermann,

wie geht es Ihrer Tante? Wie war es in Maria Laach? Ja, ich liebe die Stille des Klosters, ein besonderer Ort. Sie überraschen mich! Was haben Sie erlebt? Was im Museum und was im Kloster?

Ein Bauer baut mit einem Stararchitekten eine Kapelle – Bruder Klaus zu Ehren? Einer Ihrer Studienkollegen ist ins Kloster gegangen? Aber: das mit dem Treffen wird wohl vor November nichts mehr ... Selbständige arbeiten selbst und ständig. Routine kommt hier nie auf – anstrengend ist das, aber auch wunderschön, weil ich es nur mit außergewöhnlich freundlichen Menschen zu tun habe, die hier ihre hoffentlich schönsten Tage des Jahres verbringen – sie wollen glücklich sein. Und wenn ich gut gelaunt bin, meine Crew gut gelaunt ist, sind die Aussichten gut, dass sie es gleichermaßen sind. Wir arbeiten daran, dass unsere Gäste glücklich sind. Mit Glücklichen lebt es sich gut.

Vielleicht heute zu Ihrer Frage nach dem Frühstück – weil es der Start in den Tag ist. Und wenn es gut ist, ist da eine gute Grundlage – was auch immer da kommt. In unserem Gastraum können bis zu dreißig Gäste an zehn kleinen Tischen sitzen. Die bodentiefen Fenster geben den Blick auf die Mosel frei – an warmen Sommermorgen können die Gäste auch auf der Terrasse frühstücken oder wir öffnen die Fenster. Auf der Terrasse stehen bei gutem Wetter an einer langen Tafel dreißig Fontenay-Stühle bereit. Wir richten das Frühstück als Buffet an – weil es für den Service einfacher ist und die Gäste ins Gespräch kommen können, wenn sie das möchten. Es gibt leise Musik und fünf verschiedene Tageszeitungen. Die Vorhänge aus Samt schlucken Schall, die aus Organza malen das Morgenlicht weich.

Auf einer Tafel an der Rezeption notieren wir die Wettervorhersage.

Dort liegen zugleich ein Buch mit den Herrnhuter Losungen und verschiedene Kalender aus: ein Mondkalender, ein Kunstkalender, das Buch der 1000 Fragen ... Ich wünsche mir, dass die Gäste im Urlaub innehalten, sich berühren lassen, das Leben aus neuen Perspektiven sehen lernen, bewusster ihren „Alltag" fortsetzen, der nach dem Urlaub möglichst lange nicht alltäglich sein sollte.

Es gibt unterschiedliche Getränke: verschiedene Wasser, Säfte, Kaffees, Tees (von den britischen Sorten über hanseatische, französische in bunter Verpackung, im Sommer frisch aus dem Garten), alles für ein kontinentales und ein britisches Frühstück – und zu jeder Speise gibt es ein kleines Etikett mit einer kleinen Erklärung – seit wann es sie gibt, wo sie herstammt, seit wann sie gegessen wird. Man isst den Honig anders, wenn man weiß, dass eine Biene theoretisch dreimal die Welt umrundet, befruchtend zwischen Blüten unterwegs war, um ein Pfund davon zu sammeln ... Im „Großen Handbuch" ist alles ganz genau aufgeschrieben – es liegt neben dem Gästebuch im Gastraum.

Um 6 Uhr beginnen wir das Frühstück zu richten, von 6.30 Uhr bis 11.30 Uhr stehen die Speisen zur Verfügung, Anna und Gritt kümmern sich abwechselnd, räumen die Tische ab, backen Eier, Pfannkuchen und verzaubern ordentliche Eier mit Liebe und Geschick in göttliche Omeletts. Viele Gäste verbringen den Morgen dort und brechen gegen Mittag auf – um erst spätabends wieder zurückzukommen. Auf den Platzsets der Gäste sind der Mosellauf und die Großregion mit Lieblingsplätzen, besonderen Orten samt Entfernung von hier markiert, als Appetizer für Unternehmungen.

Und doch wollen manche den ganzen Tag einfach nur in der Bibliothek oder auf der Wiese am Fluss bleiben, auf der bei schönem Wetter Liegen und Sonnenschirme stehen. Am Hinterausgang gibt es drei Kleiderständer mit Gerdas Strohhutsammlung – dreiunddreißig Stück! Stellen Sie sich vor: es ist noch nie einer weggekommen – wir haben wirklich zauberhafte Gäste.

Abreise ist bis 13 Uhr, dann richten Anna und Gritt die Zimmer und ab 15 Uhr ist wieder Anreise. Die Taxiunternehmer der Nachbardörfer bringen die Gäste manchmal zwischendurch und rufen dann schon an ... Alle zeigen sich von ihrer allerbesten Seite. Ich habe von

13 bis 15 Uhr „frei", dienstags und freitags bis spätabends, mittwochs ab elf. Meine Lieblingsbeschäftigung ist es dann, auf den Großmärkten in Trier, Luxemburg, Metz oder bei Gerhard Gloas in Bekond einzukaufen und neue Reiseziele zu erkunden. Ich liebe die Fahrten dorthin. Das müsste nicht sein, wird ein wenig belächelt, aber ich liebe es, neue Erzeugnisse zu entdecken, frisches Obst selbst auszusuchen, die Marmeladen aus heimischem Obst selbst zu machen und meinen Gästen von besonderen Orten zu erzählen, sie zu entdecken – die Touristenführer wagen sich selten über Grenzen. Meine Gäste lieben es. Das unterscheidet uns von anderen Häusern.

Und jetzt, verehrter Herr Hermann, muss ich ins Bett. Nicht, dass mir nachher meine Kollegen noch nachsagen, ich sei unausgeschlafen ... Ich wünsche Ihnen ein wunderbares Frühstück nach erholsamen Nächten und nachsichtige Kollegen, und seien Sie auch nachsichtig mit ihnen!

Mit besten Wünschen für einen guten Tag!

Ihre Ophelia Lay

Münster, 5. Juli 2005

Liebe Ophelia,

ja, danke! Es war ein guter Tag! Schade, dass Sie nicht einfach mal so zwischendurch aufbrechen können. Oder wollen?

Die Kapelle wird monumental, männlich, markant mitten im Feld der Bauern-Familie stehen. Aber nur ganz wenige Bauern sind so wie diese. Maria Laach ist ein Kleinod. Mein Studienkollege Helmut hat sich seit Studententagen kaum verändert. Er sagt, er sei glücklich. Seine Augen lachen noch immer so, wie sie früher schon gelacht haben. Die Frauen verehrten ihn, weil er „Dinge sieht, die sonst keiner bemerkt". Er sagt, ich hätte mich verändert, fragte, was passiert sei.

Auf dem Heimweg habe ich in Köln noch schnell bei Marina vorbeigeschaut, der Frau meines Bruders. Sie verkauft an ihrem Marktstand am Apostelnkloster dienstags und freitags das beste Obst und Gemüse vom Hof, während meine Mutter an diesem Tag kochen und Kinder hüten darf. Beide lieben das. Und Marina zahlt ihr am Abend einen normalen Babysitterlohn, damit sie sich nicht in ihrer Schuld fühlen muss.

Und Marina liebt den Duft der Stadt, den Geruch von Sommerregen auf Asphalt und ihr Portemonnaie am Abend, über das meinem Bruder der Überblick fehlt – sie macht die Buchführung, hat einen eigenen Vermarktungsbetrieb. Die große Liebe meines Bruders – groß und schmal mit blondem Haar und großem Busen und einer rauchigen Stimme, die von ihrem bayrischen Akzent noch betont wird. Sie ist die „Frau ohne Angst" – schon als junge Frau ging sie nachts zum Angeln und heute geht sie in der halben Nacht noch Obst und Gemüse ernten, wenn die Jungs aus meines Bruders Ernte-Kolonne nicht das für sie geerntet haben, was sie erwartet hatte.

Mein Bruder verkaufte früher sein gesamtes Gemüse auf dem Großmarkt. Er wäre zu stolz, Kunden auf den Hof zu lassen – der ohnehin zu weit außerhalb liegt. Es ist ökologisch und ökonomisch sinnvoller, wenn Marina die zwanzig Kilometer in die Stadt fährt. Mein Bruder kann ihr keine Bitte abschlagen – sie führt den kapitalen Bullen mit leichter Hand.

Am Apostelnkloster ist sie seit zehn Jahren so etwas wie eine Institution, stand hochschwanger und wenige Monate nach den Geburten ihrer Kinder wieder dort. Wenn sie mich sieht, ruft sie schon von weitem „Na Kloaner, kimmst nocher no mid auf an Bier?" Wenn die Zeit reicht, gehen wir in das kleine feine Restaurant gegenüber vom Kloster und sie sagt jedes Mal, dass das Kölsch wirklich schmeckt – sie aber heute ausnahmsweise mal lieber eine Apfelschorle nimmt – „wögen döra Promille, woaß scho". Er hat sich wirklich ein Prachtweib ausgesucht.

Und Sie leben dort, wo andere Urlaub machen, im Land, wo Milch und Wein und Honig fließen. Ist das das Paradies?

Mit besten Wünschen für eine geruhsame Nacht im Paradies
Ihr Jan Hermann

PS Bruder Bernhard sang mit seinen Kollegen gerade gregorianisch, als ich in die Kirche kam. Ich glaube, das hätte Ihnen gefallen.

Lieber Herr Herrmann,

schon wieder überraschen Sie mich. Erlaubt es Ihre Zeit, mir mehr von Maria Laach zu erzählen? Vor vielen Jahren war ich mal mit meinen Eltern dort – an einem Abend im April. Die Luft war lind und die Vögel sangen leise. Wie klingt ein Sommertag am See?

Vielleicht sollte ich mal den Marktstand ihrer Schwägerin aufsuchen? Gibt es bei ihr besondere Obst- und Gemüsesorten? Haben Ihre Eltern auch schon Obst und Gemüse angebaut oder hat Ihr Bruder erst damit begonnen?

Hier grünt und blüht alles längst in Hochsommerfarben. Gestern war ich endlich zum ersten Mal für dieses Jahr in der Eisdiele in Schweich – sie hegen große Umbaupläne – alles soll quietschmodern werden – schon jetzt gibt es dort für mich das beste Eis der Welt und das erste im Frühling ist das beste im Jahr, auch, wenn der Frühling längst ein Sommer ist.

Die Eisdielenfamilie in Schweich betreibt das kleine Café in der dritten Generation. Im Herbst, wenn die Winzer ihre Trauben gelesen haben und die Touristen nachhause gefahren sind, bekleben sie ihre Schaufenster von innen mit ihrem Firmenpapier, fahren zurück in ihre Heimat. Jeden Abend würden sie Südwestrunkfunk-Nachrichten im Fernsehen schauen und an Moselhochwasser und schlechtem Wetter teilhaben (das Mitleid in der Stimme könnten sie sich sparen, wenn sie im Frühling davon erzählen).

Wenn die Kraniche aus ihren Winterquartieren wieder in den Norden ziehen und ihre Rufe durchs Tal hallen, schauen die Kinder aus Leiwen und den Nachbardörfern in Schweich offenbar jeden Morgen aus dem Schulbus, ob die „Eisfamilie" nicht bald zurückkehrt. Denn „wenn die Eisdiele aufmacht, beginnt der Sommer", sagt Helene und will mit mir endlich den Sommer kosten.

Mit besten Wünschen für einen köstlichen Sommer
Ihre Ophelia Lay

PS Wissen Sie, wie schön diese Sommermorgen an der Mosel sind, wenn sich die Reben in den Himmel stürzen, als ob es da oben irgendeinen Halt gäbe?

Liebe Ophelia,

wer ist Helene? Haben Sie eine Tochter?

Bei uns im Münsterland wachsen die Bäume brav in den Himmel.
Ihre Reben stürzen sich hinein ... wundersame dionysische Weinwelt,
eine Welt voller Geheimnisse ... erzählen Sie mir mehr?

Meine Eltern bauten nur wenig Gemüse an, mein Bruder hat es per-
fektioniert; mithilfe seines Lieblingsinstruments „Lineare Optimie-
rung" feilt er ständig am Gewinn, optimiert seinen Betrieb und belie-
fert den Großmarkt. Er ist kein Freund von langfristigen Kontrakten:
ein stolzer, freier Bauer, der wie die Generationen zuvor sparsam lebt.
Meine Schwägerin, ein Akademikerkind aus München, das mit seinen Eltern Urlaub in Sternelokalen im Schwarzwald machte, lehrte
ihn das Schmecken. Ich glaube, sie hätte am liebsten ein Hofrestau-
rant eröffnet. Sie studierte Agrarwissenschaften wie er und wenn ihre
verbeamteten Studienkollegen erzählen, wie viel sie verdienen, lacht
sie leise – besonders wenn der berichtet, der beim Finanzamt arbeitet. Sie wuchtet abends lachend die immer leeren Kisten in den ziemlich verbeulten Landrover, klopft sich die Hände an ihren sündteuren
Jeans ab (deren Preis mein Bruder nicht kennt), unter denen sie feinste französische Dessous trägt (die er ihr schenkt), atmet noch einmal
tief durch, zückt ihr Handy und ruft: „I kimm hoam". Ein tolles
Weib.

Mit besten Wünschen für Sie und die mir unbekannte Helene
Ihr Jan

Und bitte: erzählen Sie mir bald mehr von Ihrem kleinen Paradies, in
dem man in Milch und Wein und Honig badet, in dem es grünt und
blüht und überzuschäumen scheint vor Glück, der Weingott die Reben in den Himmel lockt und sie sich folgsam hineinstürzen!

Sommerath/Mosel, 10. Juli 2005

Sehr geehrter Herr Herrmann,
was für eine spannende Familie Sie haben! Das stelle ich mir wunderbar vor! Und so, wie Sie von allen schreiben, scheinen Sie einander sehr zu mögen. Genießen Sie es!
Sofern es mich freitags oder dienstags einmal nach Köln an die Apostelkirche verschlägt, werde ich gespannt nach Ihrer Schwägerin und deren Obst und Gemüse Ausschau halten.
Nein, Helene ist nicht meine Tochter. Sie wohnt hier in der Nachbarschaft. Ihre Mutter arbeitete früher als Stewardess und liebt den Trubel, den raschen, heißen Atem der großen weiten Welt. Seit Helenes Geburt lebt sie wieder in Sommerath und arbeitet jetzt in Wasserbillig an der Autobahntankstelle. Helene ist musikalisch, singt, singt, singt. Darum singt sie auch in der Jugendkantorei am Trierer Dom. In den Wochen, in denen ihre Mutter Nachtschicht hat, lege ich meine Einkaufstouren so, dass ich Helene mit zu den Chorproben in Trier nehmen kann. Ich genieße ihre Gegenwart, ihre neugierigen Fragen sehr. Ich freue mich immer, wenn sie Konzerte singen und mich einladen, beispielsweise samstagsnachmittags im Advent im Dom, wenn die Kinder singend mit Kerzen in den Dom einziehen, einen Teppich aus Wärme, Licht und Wohlklang auslegen.
Haben Sie, als Ihr Freund gregorianisch sang, Wohlklang geatmet? War Ihnen zutiefst friedlich zumute?
Aber am schönsten finde ich es, wenn an warmen Sommertagen die Fenster der Choraula offenstehen. Wenn ich dann zu früh dort bin um sie abzuholen oder der ehrgeizige Chorleiter die Proben überzieht, fließen die zarten Kinderstimmen auf den Platz hinter dem Dom – einer der mystischsten Plätze in der jahrtausendealten Stadt. Hohe Mauern umschließen die Gärten – Stein, überall Stein, der beim Klang der mächtigen Domglocken unter den Füßen zittert, beinahe bebt. Da hinein fließt dann der Gesang der Kinder, strömt himmelwärts – Schwerelosigkeit, auch im Herz. Der Domvikar sprach kürzlich von „Verklärung". Davon sei in der Bibel höchst selten die Rede – aber diese engelsgleichen Kinderstimmen, die sorgten für Verklärung. Ich nenne es Verzauberung.

Mit besten Wünschen für verzauberte Tage
Ihre Ophelia Lay

PS Mh, warum kennen Sie die Dessous Ihrer Schwägerin? Teilen sich bei den Bauern zwei Brüder eine Frau?

Verzauberte Ophelia Lay,
was singen die Kinder im Trierer Dom? Neulich, als ich, um den Wein zu entlohnen, im Münsteraner Dom war, begann dort auch ein Kinderchor mit einer Probe. Ja, von diesen Stimmen geht ein besonderer Zauber aus. Ruhig war es, ungewöhnlich ruhig. Ich weiß nicht, ob die Kinder meines Bruders, die auch in dem Alter sein müssten, in einem Kinderchor singen würden – ich glaube, dafür wären sie zu wild. Sie sind mir recht ähnlich und ich wäre ganz sicher zu wild gewesen. Ich hätte vielleicht in der Rabenabteilung mithalten können ...
Der gregorianische Gesang hat nicht verklärt. Er ist mystisch und erinnerte mich an den Film „Der Name der Rose": dunkel, geheimnisvoll ...
Von welcher Tankstelle haben Sie geschrieben? Ist Wasserbillig bei Trier und warum fließt dort der rasche, heiße Atem der großen, weiten Welt?
Fragt erstaunt grüßend
Ihr Jan Hermann

Das mit den Kinderstimmen erinnert mich an etwas. Vielleicht helfen Sie mir auf die Sprünge ... Auch das klingt sehr vertraut und etwas paradiesisch, Ophelia. Ich warte immer mehr auf kleine Geschichten vom großen Glück im Paradies ...
Die Dessous meiner Schwägerin kennt unsere gesamte Familie, weil der Hund meines Bruders ein Damenhöschenfetischist ist. Er schleppt sie von überall her in seine Hundehütte. Und meine Mutter flickt sie. Dann lacht meine Schwägerin und sagt, Ehebruch sei damit nun wirklich nicht mehr möglich.

Lieber Jan Hermann,

... na, vielleicht waren Sie ja in einem früheren Leben einmal ein züchtiger Chorknabe? Bei der feierlichen Aufnahme der Kleinen in den Konzertchor kam im Frühling einer etwas zu spät vom Klo fürs Aufnahmefoto. Alle standen schon aufgeregt im Kreuzgang. Der Nachzögling wollte wohl den Weg abkürzen, sprang über die niedere steinerne Mauer und landete: längs im Matsch – der Chorleiter raunzte ihn wutentbrannt an: „Du zahlst die Reinigung und stellst dich so, dass man den Matsch nicht sieht!"

Beim nächsten Auftritt des Chores sang ein Junge engelsgleich ein Solo. Helene sagte mir nach dem Konzert mit strahlenden Augen, wer gesungen hatte: der, der im Matsch gelegen hat ... Sie proben jetzt die „Schöpfung" von Haydn. Rabengesang wäre ein fabelhafter Kontrast! Wenn wir uns einmal treffen, bitte ich schon jetzt um ein Ständchen. Dürfte ich lachen – wenn es Ihnen nichts bedeutet? Es wird zu wenig gelacht. Lachen Sie genug?

Ja, genau, Wasserbillig ist nur wenige Kilometer von Trier entfernt; ein Grenzstädtchen. Was das Wasser dort kostet, weiß ich nicht. Die Kinder nennen es auch „Spritbillig". An der Durchflugspiste/ Autobahn gibt es beidseits eine Tankstelle. Unten im Dorf stapeln sich die kleineren Tankstellen; bei einigen gibt es zusätzlich Supermärkte, die auch am Sonntag feinste Avocados, Frisée-Salate, Belgische Mayonnaise und erstklassiges Brot anbieten. Vor ein paar Jahren gab es auch in den kleinen Shops der Tankstellen noch häufiger Pasteten und andere Köstlichkeiten zu kaufen. Aber deren Auslagen haben sich inzwischen auf den Geschmack der eiligen Mineralölsteuer sparenden Tanktouristen eingestellt und ihr Sortiment gestrafft: Fleischwurst im Ring, Fleischwurst in Dosen, Fleischwurst in Scheiben. Und oben an der Tankstelle auf der Autobahn rauschen täglich alleine neuntausend LKW aus ganz Europa über die einstige Grenze. Luxemburg erhebt weniger Mineralölsteuer und darum füllen viele Fahrer nochmal ihre Tanks voll, ehe es weiter geht.

Helenes Mutter ist durch ihre frühere Arbeit als Stewardess sprachgewandt, spricht fünf Sprachen fließend, und so schütten die Fahrer aus Frankreich, Spanien und ganz woanders gerne ihr Herz bei ihr aus ...

Wenn ich so etwas höre, blicke ich verschämt auf mein eher erlesenes Bed and Breakfast und vor allem auf meine entspannten Gäste, deren Gegenwart fast immer einfach nur wohltuend ist ... Wo ich lebe, herrscht kein rüder Ton – es plätschert leise Musik, die Menschen leben bewusst, genießen ihre freien Tage ... machen vielleicht Ferien vom „Alltags-Ich", sind die, die sie gerne wären und tun vielleicht öfter mal das, was sie gerne täten, beantworten Fragen in unserem Fragenbuch ...

Trotzdem sagt Helenes Mutter: „Es würde mich wahnsinnig machen, wenn ich immer hier in diesem Kasten mit den feinen Leuten hocken müsste." Ich dagegen würde dort im Durchzug der Autobahn verrückt werden, jeder dort Strandende bräche mir das Herz. Helenes Mutter bricht ihnen das Herz und erhöht damit die Umsätze der Tankstelle ...

Mit besten Wünschen,
nachdenklich
Ihre Ophelia Lay

Ophelia,
dass Attraktivität den Umsatz erhöht, ist wohlbekannt. Darum sind ja auch Kellnerinnen und Verkäuferinnen immer möglichst hübsch – in den Augen der Zielgruppe. Ich nehme an, dass Sie nicht zu den Truckern und Ihre Bekannte nicht zu Ihren Gästen passen würden ...
Mögen Sie mir von Ihren Gästen erzählen: wie alt sie sind, wie lange sie normalerweise bei Ihnen bleiben, ob sie zum wiederholten Male anreisen, ob und welche Winzer sie besuchen ...
So viele Fragen ... und weiterhin die nach dem Paradies und Dionysos, und der Wunsch, dass Ihre Woche heute einen paradiesischen Auftakt nimmt,
Ihr Jan Hermann

PS Interviewen Sie Ihre Gäste mit einem Fragenbuch?

Lieber Jan Hermann,

Sie sind der Bauer, und Sie wissen weit mehr über Milch und Honig. Bitte – erzählen Sie mir davon?

Hier in unser kleines Bed and Breakfast kommen ganz unterschiedliche Menschen. Kürzlich war ein Maler mit seiner Staffelei zu Gast. Auf der Suche nach Motiven und Inspiration hat er aber dann nur fotografiert. Hätte ich mehr Geld, hätte ich ihm mehrere Bilder abgekauft. Stellen Sie sich das vor: Er malt vor allem Könige. Weil, „wenn wir alle Könige wären, uns respektvoll, Grenzen respektierend auf gleicher Augenhöhe begegnen würden, gäbe es keine Ausbeutung und weniger Kriege." Er malt ausschließlich auf Pappe. Ich liebe seine Bilder, weil er uns so malt, wie wir sind: mitsamt unserer Fehler, Schrullen und im Idealfall liebenswert, einander das Leben verschönernd.

Ein Schriftsteller mietet sich hier gerne ein – wegen der „himmlischen Stille". Ganz früh am Morgen frühstückt er, will nicht, dass die anderen Gäste erfahren, wer er ist, nimmt immer ein Zimmer mit Flussblick. Auch mit mir spricht er ganz wenig. Neulich sagte er: „Ich muss an die Arbeit, Frau Lay. Ich habe den schönsten Beruf der Welt: ein arabisches Sprichwort sagt: Ein Buch ist wie ein Garten, den man in der Tasche trägt. Ich habe einen Park vor Augen und den muss ich beschreiben, ehe er im Tagesgetöse versinkt. Mit ein paar Worten kann ich Täler in Brand setzen oder den Himmel öffnen. Leid, Elend, Folter, Gewalt und Krieg ... muss man das mit Geschichten mehren? Ich will mit meinen Büchern ein Lächeln in die Welt malen, das einmal um die Welt tanzt und dann vielleicht wieder bei mir landet. Oder bei jemand anderem, der es vielleicht noch sehnlicher erwartet als ich." Er verneigte sich kurz, lächelte, sagte: „ich muss" und verschwand bis zum nächsten Morgen.

Ein besonderer Gast ist der Schmetterlingssammler und -händler, Jens J. Er pilgert an die Mosel, um das Liebesspiel der Apollofalter zu beobachten. Parnassius apollo vinningensis kommt nur an der Mosel vor, gehäuft bei Winningen an ihrem Unterlauf, unterliegt den Bestimmungen der Roten Liste des Washingtoner Artenschutzübereinkommens. Er darf also nicht gehandelt werden: nur bewundert. Herr J. besucht auf der ganzen Welt Schmetterlingsbörsen, in Paris, Tokyo … Mich faszinieren diese stillen Menschen, die, wenn man das „Zauberwort" spricht, „zum Leben erwachen", mit glänzenden Augen lossprudeln:

Das nicht wirklich zu zarten Flügelwesen passende deutsche Wort „Schmetterling" soll erst um 1500 aufgetaucht sein, käme vom ostmitteldeutschen Wort Schmetten (Schmand, Rahm). Einige Arten lieben den offenbar, woraufhin Abergläubige sie für rahmliebende Hexen gehalten haben sollen. Das Wort butterfly der Briten klingt zärtlicher. Aber erst im 18. Jahrhundert setzte sich der Begriff durch, so lange sprach man von „Tagvögeln" (für Tagfalter) oder „Nachtvögeln" (für Nachtfalter).

Mit ihren Fühlern können sie riechen, manche auch tasten, schmecken und Temperaturen fühlen, Nachtfalter besonders gut. Sogar mit den Füßen können sie schmecken und Temperaturen fühlen – nicht, dass sie sich nicht gezielt in die Nesseln setzen …

Stellen Sie sich das vor: in Mexiko fallen am gleichen Tag Millionen von Amerikanischen Monarchfaltern in den Bergen ein. Sie kommen aus Kanada. Dort brechen sie gleichzeitig an einem Tag im September auf, schließen sich Ende September zu riesigen Schwärmen zusammen, die eine Länge von achtzig Kilometern erreichen können. Dann legen sie Tag für Tag rund achtzig Kilometer zurück, überqueren die Seen Nordamerikas, die Städte und erreichen Mitte Oktober Mexiko, wo der gefährlichste Teil ihrer Reise beginnt: hunderte Kilometer Wüste, die Berge der Sierra Madre: Stürme, Hitze, Kälte … Ihr Ziel sind die Kieferwälder in den Bergen von Michoacán.

Auch andernorts haben jene Schmetterlingsmännchen gute Chancen auf ein Weibchen, die besonders gut fliegen können: etwa in den Bergen von Mosambik. Im Regenwald haben die Schmetterlinge Mühe einen Partner zu finden, finden ihn vor lauter Blättern und Bäumen nicht. Darum folgen sie stundenlang dem Fluss, aufwärts zur kahlen Bergspitze. Da oben tanzen sie dann wenige Wochen im Jahr, jeweils am Morgen für eine halbe Stunde. Hunderte finden sich zum Hochzeitsball ein: ein leichtsinnig anmutenden Spektakel: die Suche nach dem, der am besten und schönsten fliegt. Nach der Paarung fliegen die Weibchen zur Eiablage wieder talwärts.

Aber, man muss nicht nach Mosambik oder Mexiko: auch an den geheimen Fluglätzen der Apollofalter an der Mosel kann man das Hilltopping, die Gipfelbalz, beobachten: Die Männchen belegen ein Revier mit rasanten Flugshows und hoffen ein darin herumstreifendes Weibchen damit zu beeindrucken.

Neugierig auf Ihr Paradies, auf Geschichten von Milch und Honig Ihre Ophelia Lay

Münster, 22. Juli 2005

Liebe Ophelia Lay,

na, jetzt haben Sie mich auf dem völlig falschen Fuß erwischt. Auch wenn ich meine Brötchen als Redakteur einer landwirtschaftlichen Zeitung verdiene: ich bin und bleibe Bauer. Wir sind viel zu sehr Schaffer, Macher, Produzenten und philosophieren weit weniger über das Paradies als Sie da an Ihrem lässig mäandernden Fluss. Ich glaube, uns fehlt die Zeit, wir nehmen sie uns nicht. Vielleicht auch, weil viele von uns ums Überleben ihrer Höfe kämpfen. Meine spontane Reaktion war, Ihnen Statistiken um die Ohren zu schlagen. Aber das würde den Papillon-Plauder-Ton von Tagvögeln und Nachtvögeln zwischen uns stören. Haben Sie dazu Lust?

Seltsam, glauben Sie, es gibt so viele Menschen, die nicht tun, was sie tun möchten? Ihre Gäste „machen vielleicht Ferien vom Alltags-Ich, sind die, die sie gerne wären und tun vielleicht öfter mal das, was sie gerne täten ..." Und Sie, Ophelia – tun Sie das, was Sie machen gerne? In Vorfreude auf Geschichten aus dem Paradies!

Ihr Jan

PS Habe meine Skript-Sammlung aus dem Studium noch nicht weggeworfen ... Aus meinem Biologie-Skript: Viele Schmetterlingsmännchen absolvieren zur Balz einen besonderen Flug und umschreiten dann am Boden das Weibchen nach festen Regeln. Während des darauf folgenden Fluges berühren sich manchmal ihre empfindlichen Flügel und Duftstoffe verstärken ihre Paarungswilligkeit.

Die männlichen wirken nur auf kurze Distanz. Doch die Nachtfalterweibchen locken die Männchen aus großer Entfernung. Nach dem geheimnisvollen Vorspiel empfangen willige Weibchen die Spermatophore des Männchens: Dabei hält das Männchen während der Begattung das Weibchen mit den Valven (Begattungsorgane der Männchen) fest. Nach der Übergabe der Spermien ziehen die Männchen die Valven zurück und klappen dabei die natürliche Begattungssperre der Weibchen, die Legetasche, aus, damit kein Konkurrent mehr das Weibchen begatten kann. Wenigstens bei der Gattung Parnassius geht das. Das Männchen kann weiter jungfräuliche Schmetterlingsdamen begatten, lebenslänglich – bis der Sommer zuende geht.

♥

Sommerath/Mosel, 23. Juli 2005

Herr Hermann,

es scheint wirklich große Unterschiede zwischen Bauern und Winzern zu geben. Ich bin keine Winzerin, sondern Hotelkauffrau und Betriebswirtin – eine stille Beobachterin dessen, was hier im „Paradies", wie Sie es nennen, geschieht. Sehen sich Bauern als Produzenten?

„Winzer", sagt Onkel Theo immer, „sind keine Produzenten. Wir sind Erzeuger, erzeugen den Wein, so, wie man ein Kind zeugt – mit Liebe und mit Lust und mit Leidenschaft – ohne zu wissen, was der liebe Gott einem nachher schenkt – aber hoffentlich voller Gottvertrauen."

Wenn es also diese Unterschiede gibt, die ich zu sehen glaube, hat das sicher historisch bedingte Ursachen.

Vor zwei Jahrtausenden kamen die Römer für ein halbes Jahrtausend an die Mosel. Als sie mitsamt ihren Waffen wieder heimwärts zogen, waren die von ihnen mitgebrachte Weinkultur und das Christentum hier längst tief verwurzelt. Zwölf Kelteranlagen aus der Antike erzählen von den Anfängen des Weinbaues am Fluss. Seit dem Jahr 1465 schmiegt Riesling urkundlich belegt seine Wurzeln in die Schieferhänge der Mosel.

Triers Erzbischof und Kurfürst Clemens Wenzeslaus von Sachsen, der Enkel von August dem Starken, befahl den Winzern 1787 per Verordnung, die „schlechten" Reben, durch „gute" zu ersetzen – innerhalb von sieben Jahren. Im Kurfürstlich-Trierischen Landkalender von 1788 empfahl er die Bevorzugung der Rieslingrebe. Woraus heute – hitzig diskutiert – geschlossen wird, dass er den Rieslinganbau verordnete. Im Randbereich des Territoriums Trier, etwa an der Obermosel – in Nittel, Nennig und Perl, wo es oft ein Kondominium mit Frankreich und dem Herzogtum Luxemburg gab, war diese Anordnung allerdings von den kurtrierischen Behörden nicht durchsetzbar. Dort wächst auch heute noch Elbling – eine uralte Rebsorte. Beispielsweise auf Schloss Thorn, dem ältesten Schlossweingut an der Mosel, in der südwestlichsten Ecke von Rheinland-Pfalz, kultiviert der Baron Elbling, Weißburgunder, Grauburgunder und Sauvignon gris. Südlich von Trier wachsen die Reben zudem nicht auf Schieferboden, sondern auf Kalk – wie im Pariser Becken, der Champagne …

Wenzeslaus soll den Ideen der Aufklärung nicht abgeneigt gewesen sein und im Kurfürstentum Trier das Schulwesen forciert haben. Er wollte wohl Bildung und Wohlstand heben, reduzierte jedoch auch die zahlreichen kirchlichen Prozessionen und hob Feiertage auf. Viele Moselaner verehren Wenzeslaus noch heute. Lustigerweise jene, die bei den Maiprozessionen besonders gerne mitgehen und niemals „frevelig" an einem Maifeiertag im Garten arbeiten würden.

Angeblich soll Wenzeslaus anspruchslos gelebt haben – in Koblenz bezog er allerdings 1786 sein prachtvolles, kostspieliges Schloss – einer der bedeutendsten Schlossbauten des Frühklassizismus, wie beispielsweise auch das Fürstbischöfliche Schloss in Münster oder das Residenzschloss in Ludwigsburg: einige der letzten Residenzschlösser, die unmittelbar vor der Französischen Revolution in Deutschland gebaut wurden. Im Stadtmuseum Simeonsstift steht ein Miniatur-Nachbau jenes Schiffes, mit dem er auf der Strecke Trier-Koblenz seine Macht demonstriert haben soll – was für eine Pracht!

Wenzeslaus förderte die Musik und ließ ein öffentliches Theater errichten (das die Koblenzer heute noch mehr oder weniger gerne besuchen). Aufgeschreckt durch den Ausbruch der Französischen Revolution führte Wenzeslaus fortan strengeres Regiment und nahm die flüchtigen Mitglieder des mit ihm verwandten französischen Hofes auf. Immerhin war er der Onkel von König Ludwig XVI.: Koblenz wurde zum Zentrum der französischen Royalisten.

Er wurde vom Sieg der Revolution schwer getroffen: im Frieden von Lunéville (1801) verlor er den linksrheinischen und damit größten Teil des Kurstaats, 1803 gab/nahm ihm der Reichsdeputationshauptschluss den Rest. Mit einer Pension von 100.000 Gulden zog er sich nach Augsburg zurück und starb 1812 auf seinem Sommersitz in Marktoberdorf im Allgäu.

Angeblich ist Clemens Wenzeslaus auch der Erfinder der Kalten Ente – die überwiegend aus Wein und Sekt besteht und mit Zitrone oder Zitronenmelisse aromatisiert wird. Aber darüber reden die Winzer nicht gerne. Alleine die Vorstellung, Wein und Sekt zu mischen und dann auch noch Zitrone oder Zitronenmelisse zuzufügen, scheint ihnen körperliche Schmerzen zu bereiten ... Sollten Sie einen Moselwinzer treffen: reden Sie über was anderes.

Gibt es bei Bauern auch diese fast körperliche Verbundenheit mit dem Erzeugnis?

Mit besten Wünschen für wunderbare Träume

Ihre Ophelia Lay

Liebe Ophelia Lay,

wo bitteschön, ist denn da das Paradies? In der Kalten Ente? In den Lustgärten des Kurfürsten? Ich vermute, dass Revolutionsheere und Preußen von barock-paradiesischer Sinnlichkeit nicht viel übriggelassen haben.

Joke beiseite, Ihre historischen Abhandlungen beeindrucken mich natürlich zutiefst. Aber sie machen mir als ungebildetem Bauernlümmel doch auch Angst.

Zuerst schicken Sie mich in den Dom. Aber weil mir der Gang dorthin seltsamerweise gutgetan hat, habe ich das getan, was mir zuvor kaum in den Sinn gekommen wäre: ich bin heimlich zum Münsteraner Schloss gepilgert – wegen der mir unbekannten Parallelen zu

Koblenz ... Ohne dort gewesen zu sein, hätte ich mich nicht getraut, Ihnen eine Mail von mir unter die Augen zu lassen.

Also: es ist heute auch dem gemeinen Volk zugänglich. Die Westfälische Wilhelms-Universität hat darin Hörsäle und Aula installiert. Im Foyer des Schlosses hängt das große Gemälde „Aufruf zur Verteidigung der persönlichen Freiheit" von Rudolf Hausner.

Ich glaube, das könnte Ihnen gefallen: um 8, 12 und 18 Uhr erklingt vom Dach des Schlosses ein Glockenspiel. Zum Repertoire gehört auch „Die Gedanken sind frei". Im Schlossgarten hört man es besonders gut.

Und dabei ist mir eingefallen, dass ich neulich im Dom auch ein Glockenspiel gehört habe. Gerade als ich zum Dom kam, bewegten sich die Figuren (die Heiligen Drei Könige? Deren Gebeine ja im Kölner Dom liegen sollen, dessen Bau herbeigeführt haben sollen) an der astronomischen Uhr. Und die sollen ja Weihrauch im Gepäck gehabt haben. Als ich im Münsteraner Dom war, gabs keinen Weihrauch. Es sind ja nun auch nur Figuren. Stammt Weihrauch aus dem Paradies?

Fragt

Ihr Jan Hermann

Sommerath/Mosel, 30. Juli 2005

Herr Hermann,

vielen Dank für die kleine Stadtführung durch Münster! Den Schlossgarten kann ich mir gut vorstellen – wie sieht das Gemälde zur persönlichen Freiheit aus? Ist es abstrakt? Und ist das nicht das Paradies: frei sein?

Warum vermuten Sie das Paradies hier? Packen Sie Ihre Tante ins Auto und dann schauen Sie einfach nach, ob Sie hier ein Stückchen Paradies finden! Der Präsident des französischen Weinbauverbandes „AOC Côtes de Toul" sagte kürzlich in einem Interview: „Hier an der Mosel hat gewiss jeder seine 'coin de paradis' (Paradiesecke)."

Hat nicht jeder von uns das Paradies in sich drin? Zumindest die Freien unter uns.

Mit besten Wünschen für einen guten Start in eine paradiesische Woche
Ihre Ophelia Lay

PS Kürzlich war eine Märchenerzählerin hier. Sie meinte, die Grundmuster der Märchen seien auf der ganzen Welt gleich. Weil auch die Sehnsüchte und Wünsche der Menschen auf der ganzen Welt gleich seien. Und so sind vermutlich auch die „inneren Paradiese" der Menschen ähnlich.

❦

Münster, 1. August 2005

Ophelia,

na, ich grübele gerade über meine persönliche Freiheit und über das Paradies in mir drin – und das alles wegen ein paar Schlucken Mosel-Sommer 59 – mich treiben Fragen um, von denen ich vor ein paar Wochen nicht geahnt habe, dass es sie gibt. Mein Leben ist komplizierter geworden.

Tante Lisbeth hat mir gestern je eine Flasche 2003er aus der Sommerather Laurentiuslay, der Leiwener Laurentiuslay und dem Dhroner Hofberg aus dem Weingut Ihres Onkels geschenkt. Gerne würde ich den Wein mit Ihnen trinken. Wann haben Sie Zeit?

Doch, ich genieße auch Ihre Briefe sehr – Sie locken mich über Grenzen. Ihre Mails reißen mich aus meinen Berichten über Pflugschare und Melkkarusselle, werfen meine Gedanken ins im Mondlicht träumende Lunéville, schreiben mir von Musik, die den Staub des Alltags von der Seele flutet. Ophelia, wie sieht man aus, wenn man so heißt und sowas macht?

Sofern es Ihre Zeit erlaubt: Gewähren Sie mir weitere Einblicke in Ihr Paradies? Ist die Mosel Arkadien?

In Hoffnung:
Ihr Jan Hermann

❦

Lieber Jan Hermann,

hat Ihre Tante also tatsächlich Wein bei Onkel Theo bestellt? Und er ihn versandt? Er hat mir gar nichts davon erzählt. Aber ich habe ihn auch ewig nicht besucht. Es ist mindestens drei Wochen her … Es wird Zeit, dass ich wieder nach Neumagen-Dhron fahre. Inzwischen habe ich erfahren, dass seine Weinproben Kultcharakter haben. Junge Winzer nennen sie hinter vorgehaltener Hand „Dinner for one", wegen des immer gleichen Procederes: die Person, die unangemeldet bei ihm auftauchen muss, wird erstmal schweigend begutachtet. Oft würde er sagen, er habe keine Zeit. Wenn er wohlgestimmt ist, taucht er lange im Keller ab. Wenn er dann mit einer Flasche erscheint, hält er sie so, dass man nicht lesen kann, was es ist. Er bittet den Besucher ins Haus, seine gute Stube. Der Gast muss den Jahrgang herausfinden. Er hat nur Riesling. Und wenn die Flasche leer ist (!) und er gute Laune hat, mit dem bis dahin Gesagten zufrieden ist, geht er erneut „zaapen" (zapfen, ein Begriff aus der Zeit, als der Wein noch in Fässern und nicht in Flaschen im Keller lag, fassweise verkauft wurde). Händler und Gastronomen dürfen sich anmelden – inzwischen. Aber auch sie bekommen nur die Weine kredenzt, die er zeigen will. Auch sie müssen eine Flasche leer trinken, ehe eine neue geöffnet wird.

Wie schön es ist, über das waghalsig hohe schmale Sträßchen zu fahren – anstatt unten am Fluss entlang. Und Neumagen-Dhron selbst: einst von Weinhändlern erbaute Villen säumen das Moselufer. Im Dorf wachsen die Blumen anders als an anderen Orten – so wie in Echternach. Vielleicht machen Gebete den Boden fruchtbarer? Haben Sie im Studium davon gehört?

Ich wünsche Ihrer Tante und Ihnen glückliche Stunden mit dem Wein – dass der Schmerz der Erinnerung weniger schwer wiegt, als die Freude auf die Zukunft zu beflügeln vermag!

In der Bibel wird im 2. Buch Mose von Kanaan als dem Land gesprochen, in dem „Milch und Honig fließen". Milch und Honig – das klingt nach Muttermilch. Denn sie ist süß und einer der ersten Geschmackseindrücke eines Menschen. Süße, die das Neugeborene mit

Wärme, Geborgenheit, Mutterliebe umfängt – die Grenzen zwischen innen und außen, dir und mir, verschwimmen; wie in anderen Sternstunden. Die Mutter stillt alle Verlangen des Kindes, ohne etwas anderes zu tun als ganz da zu sein, völlig entspannt, weil die Milch sonst nicht fließt – Zeit und Raum verlieren ihre Bedeutung – ein Vorgeschmack aufs Paradies oder vielleicht auch eine verwegene, lichtleichte Erinnerung an das tiefe Glück, aus dem wir kommen. Süße hellt die Stimmung auf und aktiviert das Belohnungs- und Glückszentrum. Die Lust auf Süße kann die Lust auf Langaufgespartes, vielleicht Verbotenes sein – die Lust aufs Glücklichsein, aufs Leben. Onkel Theo sagt „Wein ohne Süße ist wie Sex ohne Liebe, oder schlimmer noch: wie Liebe ohne Sex."

Die Küche der Antike kombinierte die Süße des Honigs oder von Passum mit würzigen Aromen. In der „internationalen Feinkosttheke" des Imperium Romanum gab es Pfeffer, Anis, Kreuzkümmel, Koriander, Minze, Thymian, Safran, Gewürznelken … Aber als die Römer weg waren, verschwand hier nördlich der Alpen wohl auch erst mal einiges aus der Feinkosttheke.

Im 13. Jahrhundert kam es erneut zu einem Boom der Gewürze in der europäischen Küche. Natürlich dienten sie auch der Prahlerei, gesellschaftlicher Differenzierung. Gewürze vereinten Traumbilder auf sich. Man ist, was man isst: von den Reichen und Mächtigen einverleibte Traumbilder aus dem Orient – jenem geheimnisvollen, weit entfernten Land, auf das wir Abendländer Wünsche und Traumbilder übertrugen. In den Landkarten jener Zeit war der Orient dem irdischen Paradies benachbart und davon tief geprägt: eine Welt des Überflusses, der Glückseligkeit und der Ewigkeit … Dort, stellen Sie sich vor, wie sie auf der Zunge zergangen und ins Innerste eines Menschen vorgedrungen sein müssen: dort wachsen die Gewürze!

Die Weine von den Hängen der Mosel vermögen Aromen von Zitrusfrüchten, Pfirsich, Aprikosen und unterschiedlichsten Gewürzen in ihrer Flüssigkeit und ihrem Duft zu tragen: Safran, Pfeffer, Rosmarin, Thymian, Anis … – Ahnungen vom Paradies diesseits des Orients. Seit Jahrhunderten heißen hier Weinberge Würzgarten, Würzlay oder Würzberg. Sicher einer der Gründe, warum die Frauen und

Männer in den schiefrigen Hängen rumklettern und Reben pflanzen, pflegen und ernten, es auch im Mittelalter taten … mehr oder weniger freiwillig …

Der Geruchssinn hilft beim Finden von Nahrung, warnt vor Gefahr und informiert über potentielle Paarungspartner. Nervenreize des Geruchssinns werden, anders als optische und akustische Reize, ohne Umweg direkt ins Stammhirn geleitet, den ältesten Teil des Gehirns. Sie hinterlassen starke Erinnerungen, detaillierter und emotionaler als die der anderen Sinne, werden oft Jahrzehnte später noch mit Ereignissen, Personen, Orten assoziiert; zumeist laufen sie unbewusst ab, lassen sich nicht steuern, etwa, wenn man den Frühling riecht oder den Herbst oder Morgenduft … Geruchserinnerungen müssen nicht wie Vokabeln gepaukt werden – sie sind da.

Erinnern Sie sich an den Geruch Ihrer Grundschule, Ihres Schulranzens, Ihrer damaligen Brotdose? Fallen Ihnen Bilder dazu ein?

Onkel Theo exportiert auch Wein nach Spanien. Und neulich zeigte er mir den Brief seines Weinhändlers aus Madrid (ich fand den Satz so schön, dass ich ihn mir kopiert habe. Jetzt hängt er an unserem Weinklimaschrank). Es heißt darin: „Riesling me recuerda al perfume de mujer flotando en el aire como una suave brisa, destilando por doquier …" (Riesling erinnert mich an den Duft einer Frau, die an mir vorübergeht, wenn ich pfeifend durch die Straßen gehe – ein sanfter, in der Luft schwebender Duft).

Mit besten Wünschen für wunderbare Träume, aus dem und zutiefst im Paradies

Ihre Ophelia Lay

Liebe Ophelia Lay,

wie schade, dass ich Bauer bin – in meiner Welt mit Kartoffeln und Traktoren geht es weniger sinnlich zu, zumindest machen wir uns weniger Gedanken darum! Und: Sie haben vollkommen recht: Bauern sind so wie Winzer Erzeuger, keine Produzenten.

Vielleicht war es so: Im Zuge der industriellen Revolution und insbesondere während der boomenden Wirtschaftswunderjahre wollten Bauern ihren Kollegen in der Industrie immer ähnlicher werden – vielleicht auch wegen deren kalkulierbarem Einkommen, deren 40-Stunden-Woche und deren gesetzlich geregeltem Urlaubsanspruch.

Man sah sich als Erzeuger im Nachteil. Und nannte sich Produzent. Wissen Sie, wie viele Kinder sich dafür schämen, dass ihre Eltern Bauern sind? Ihr Onkel scheint ein stolzer Erzeuger zu sein.

Nie habe ich etwas über Gerüche gelernt – oder habe ich das dazu Gelernte vergessen? Ja, ich erinnere mich genau an den Geruch meiner Schule. Und ich erinnere mich an den Plastikgeruch meiner Kakao-Flasche, die ich vermutlich jeden Morgen mit in den Kindergarten genommen habe, mir süße Erinnerung ans Abenteuerland zuhause war. Im Kindergarten war es entsetzlich langweilig gegenüber dem Schlepperparadies zuhause. Der Kakao schmeckte immer nach dieser Flasche und das Plastikband, an dem ich mir die Flasche umgehängt habe, war grün. An welche Gerüche erinnern Sie sich? Roch es in Ihrer Jugend anders als in meiner?

Ich habe ein bisschen in meinem alten Agrargeschichte-Skript gestöbert. Unser Dozent für Agrargeschichte hatte eigentlich Pastor werden sollen und darum erstmal Theologie studiert. Wenn ich das damals richtig mitgeschrieben und eingeordnet habe, ging es zu meiner großen Verwunderung gleich in der ersten Stunde um das „Paradies" – das wohl lateinisch paradisus heißt, dem Griechischen entlehnt und etwas mit „umgrenztem Bereich, Tiergarten, Park" zu tun hat. Es ging auch um den Rausschmiss – dazu später mehr. Vom Paradies ging es erstmal zurück zu den Jägern und Sammlern.

Die Menschen sammelten, was ihnen erreichbar war und die örtliche Natur hergab: Haselnüsse, Früchte, Samen, Kräuter, Wurzeln, Wildgemüse. Aber auch Maden, Insekten, Eier, Honig, Muscheln, Pilze wurden energetisch genutzt. Je nach Region schwankte die Bedeutung der einzelnen Nahrungsmittel – im Europa der Nacheiszeit waren Haselnüsse angesagt.

Ich bin mir ziemlich sicher, dass Frauen mit dem Sammeln von Nahrungsmitteln samt Aufbewahrung angefangen haben – woher sollte sonst die unauslöschliche Lust am Shoppen kommen? Die Frau kommt halbtot vom Job und – während die Männer sich dann auf ihr Pferd schwingen, in den Fernsehsessel oder die Eckkneipe fallen lassen – geht dann shoppen ...

Statt des Status-Designertäschchens trugen sie damals einen kunstfertig getrockneten Kürbis und dort, wo es keine Kürbisse gab, begannen die Damen zu flechten und zu weben – woher sollte sonst diese Besessenheit auf Handtaschen kommen? Und welchen Sinn ergäbe sie, wenn darin nicht alles nur Erdenkliche gesammelt und (notfalls auch mal sinnlos) rumgeschleppt würde? Und wenn es kalt wurde, konnte man sich geflochtene und gewebte Taschen auch flott mal überstreifen – falls der sie Begattende gerade kein Mammut oder genügend Nerze oder Zobel erlegt hatte. Die Lebensnotwendigkeit des Sammelns ist verlorengegangen – aber die Sammelbeutelsammelsucht ist geblieben. Als weiteren Hinweis darauf werte ich die Angewohnheit vieler Frauen, beim heutigen „Sammeln", also beim Einkaufen, beim Entladen des Einkaufswagens an der Kasse grundsätzlich einhändig zu arbeiten und ihren Geldbeutel oder die Handtasche krampfhaft festzuhalten – egal, wie lang die Warteschlange ist, wieviel Tempozuwachs man durch die Hinzunahme der zweiten Hand erreichen könnte: die zweite Hand verkrampft sich um Handtasche und Geldbeutel. Dann geht es ans Bezahlen. Und dann wird einhändig weitergearbeitet ... Ein wichtiges Kriterium in den zweieinhalb Millionen Jahren Steinzeit: mit vielen wohlgenährten Nachkommen gesegnet waren vor allem die, die ihren Sammelbeutel nicht verschusselt haben!

Aber: Die Sammeltasche war im Grunde nur ein primitives Imitat, eine Wiederkäuermagenimitation. Sie macht Rindermägen nach. Rinder können im Gegensatz zu uns Menschen Gras verwerten, also in Milch oder Fleisch verwandeln. Die vielen Mägen einer Kuh sind nichts anderes als biologisch optimierte Sammeltaschen und das haben unsere Vorfahren beim ordentlichen Zerlegen und Aufessen eines Rindes entdeckt und dann imitiert.

Stellen Sie sich das bitte so vor: Das urzeitliche Rind schaute aus dem schützenden, Verstecke bietenden Wald heraus auf die Steppe, in der es köstliches Gras, aber keine Verstecke gab. Dorthin schaute es so lange, bis die „Luft rein" war, rannte raus, schlug sich den Bauch voll und rannte zurück in den Wald, wo es alles wieder aus den inneren Sammeltaschen hervorkramte – es käute wieder.

Aber Achtung: Bei den Neandertalern soll es keine geschlechtsspezifische Arbeitsteilung gegeben haben. Offenbar trug der Herr Neandertaler auch mal gerne das Täschchen selbst und on top den Pelz dessen, den die von ihm Begattete erlegt hatte. Gejagt wurde mit Wurfhölzern und Speeren, Schlingen und Seilen, Blasrohr und Netz. Nach der Eiszeit lebten im Gebiet des „fruchtbaren Halbmondes" Menschengruppen in einer natürlichen offenen Waldlandschaft. Es gab Eichen, Pistazien, Mandelbäume und die dort heimischen Wildgetreide Einkorn, Emmer, Wildgerste und zusätzlich Linsen, Erbsen und Bohnen. Beste Bedingungen, um sesshaft zu werden.

Muss dringend los,

morgen mehr,

Genießen Sie Ihr Paradies! Träumen Sie schön!

Ihr Jan

PS Neandertaler sind ausgestorbene Verwandte des heutigen Menschen (Homo sapiens). Er entwickelte sich in Europa – parallel zum Homo sapiens in Afrika – aus einem gemeinsamen afrikanischen Vorfahren der Gattung Homo. Sie besiedelten Teile Süd-, Mittel- und Osteuropas. Auch in der Türkei, der Levante, im Nordirak, in Usbekistan, Tadschikistan ... finden sich Hinweise auf eine Besiedlung durch „klassische" Neandertaler in der Zeit zwischen 130.000 Jahren und 30.000 Jahren v. Chr. Seine Nahrung bestand zu neunzig Prozent aus Fleisch.

Warum der Neandertaler vor rund 30.000 Jahren ausstarb, gilt bislang als ungeklärt. Dabei ist es doch sonnenklar: wenn sich die Damen bei der Jagd (!) mit ihren Handtäschchen auf Shopping-Tour wähnten, bekamen sie kein Großwild erlegt. Und wenn die Damen von den Herren und dem Großwild ganz kirre wurden, konnten sie nicht in Ruhe und mit Sorgfalt shoppen beziehungsweise sammeln.

Und die Männer waren unachtsam, wurden am Ende gar vom Großwild erlegt. Man weiß ja, wie das auch heute noch für Schiffer endet, wenn Lore Lay hoch oben im Steilhang sitzt und ihre Haare kämmt. Die afrikanischen Cousins, die Vorfahren der „Jetzt-Menschen", die ihre Frauen gleich zuhause in der Höhle ließen – wo sie schon mal Feuer machten und rings um die Höhle bisschen was sammelten, alles klarmachten, um ihrem Chef Söhne gebären zu können, waren klar im Vorteil. Zudem wussten sie Speerschleudern zu bauen, Stein besser zu bearbeiten ... der Neandertaler starb kläglich aus. Die Wissenschaftler nennen das: Der Homo Sapiens verschaffte sich einen entscheidenden demographischen Vorteil. Was von den Neandertalern blieb? Ein Blick ins Museum in Mettmann genügt. Na, wo liegt Neandertal? Fünfzehn Kilometer östlich von Düsseldorf. Schauen Sie sich mal auf der Kö um, wer da wie sein Handtäschchen schwenkt!

Sommerath/Mosel, 5. August 2005

Herr Hermann,

natürlich gehe ich gerne shoppen, davon habe ich Ihnen oft genug geschrieben. Es tut mir leid, wenn ich Sie damit gelangweilt habe! Ich bin zu erledigt, um auf Ihre Macho-Sprüche zu reagieren. Ich besitze eine ganz wunderbare Handtaschensammlung, viele sind noch von meiner Großmutter. „Dafür musste früher ein Arbeiter einen ganzen Monat arbeiten", sagte neulich ein älterer Herr in einem Tabakladen in Trier zu mir, als er mit glänzenden Augen fragte, ob er meine Handtasche einmal anfassen dürfe. Ich liebe diese Taschen, die schon so viel erlebt haben. Wie können Männer nur ohne sie sein?
Fragt, aus einem verregneten, unordentlichen Paradies
Ihre Ophelia Lay

Ophelia,

wer wagt es, Sie in Ihrem Paradies zu stören? Soll ich mit meinem Wurfspeer zu Ihnen rüberschwimmen oder würden Sie mich gleich wieder wegschicken? Oder kämen Sie gar mit mir mit? Kann ich irgendetwas für Sie tun? Ich kann Ihnen eine kleine Reise nach Münster anbieten! Es wäre mir Ehre und Freude, Sie ins Schloss zu begleiten! Oder vielleicht zum Essen? Wonach dürsten Sie? Worauf haben Sie Lust? Auf Haselnüsse?

Aber: Ich habe kein Sammeltäschchen und will auch keins. Hosentaschen genügen mir. Gepäck wird überbewertet. Mit leichtem Gepäck hat man weniger Last. Es reist sich leichter. Haben Sie Mut!

Auch in meinem Paradies ist Unordnung. Ich muss dringend aufräumen.

In Vorfreude auf hoffentlich gute Nachrichten von Ihnen,

und wunderschöne Träume wünsche ich Ihnen,

möge bei Ihnen die Sonne scheinen!

Ihr Jan Hermann

Lieber Jan Hermann,

Sie schaffen es sogar, mich zum Lachen zu bringen! Wie gut das tut! Ein bezaubernde Heilpraktikerin aus Neumagen-Dhron, eine Frau, die frei sein will, sagte gestern zu mir: „Über den Wolken scheint die Sonne!" Und heute scheint wirklich wieder die Sonne und die Gäste haben wieder gute Laune. Gott sei Dank! Stellen Sie sich vor: Ihre Traumwünschung hat möglicherweise gewirkt!

Soll ich Ihnen den verrückten Traum von vergangener Nacht erzählen?

Mit besten Wünschen für einen sonnigen Tag,

in Vorfreude auf die Fortsetzung Ihrer „agrar-theologischen" Betrachtungen

Ihre Ophelia Lay

Liebe Ophelia Lay,

es wäre mir eine Ehre, Ihren Traum zu hören!

Gespannt:

Ihr Jan Hermann

Lieber Jan Hermann,

na, ich hoffe, Sie kommen mit meiner Art zu träumen klar. Ich glaube, Ihre agrartheologischen Betrachtungen haben bei mir einen Zukunftstraum ausgebrütet. Tante Gerda träumte immer einen Tagtraum von einem „Mosel-Wein-Erlebnis-Haus" ... Sie konnte sich wahnsinnig aufregen: „Nur weil sich die alten Betonköpfe nicht einig werden, ob es besser in Trier, Bernkastel-Kues, Traben-Trarbach, Cochem oder Koblenz steht, keiner es dem anderen gönnt, gibt es das noch nicht. Dabei wären hier ohne den Weinbau längst alle weg. Und Touristen kämen erst recht keine her. Man muss diese Geschichte doch feiern und zeigen! Den Wein muss man feiern!"

Zusammen mit Ihrer Macho-Version der Agrargeschichte hat sich daraus offenbar dieser schräge Traum gewoben:

Sie spielen in diesem Traum mit. Er scheint Ihnen also ebenso zu gehören wie mir. Auf die Gefahr, mich komplett vor Ihnen zu blamieren:

Nach dem Besuch der Konstantinbasilika haben wir in der Innenstadt, am Pranger, ein Eis gegessen, liefen atemlos wie Kinder zur Porta Nigra, drückten uns am verschlossenen Tor des Stadtmuseums Simeonstift die Nase platt und liefen dann moselwärts, standen staunend vor dem Museum: monumental, mächtig, markant: das Mosel-Wein-Erlebnis-Haus.

Dessen riesige Tür ließ sich öffnen. Wir gingen in die Kühle, von Raum zu Raum, schnupperten verstohlen an den Wänden aus Römertagen, wandelten von Epoche zu Epoche, Ereignis zu Ereignis. Täuschend echt aussehende Puppen erzählten uns das Jeweilige. Sie, Herr Hermann, stellten sich vor sie und schnitten Grimassen wie Ot-

to Waalkes. Ich musste immer wieder lachen. Einer der Museumswärter schaute betroffen und zischte: „Pssssst", Sie drehten sich zu
mir und schnitten wieder Grimassen, ohne, dass der Wärter es sehen
konnte. Er schaute mich böse an, weil ich lachte.
Haben Sie überhaupt Zeit für einen so monumentalen Traum? Den
Gang durch viele große Räume?

Raum I: Devonschiefer, Muschelkalk und Mäander
Vor vierhundert Millionen Jahren wurde der Grundstein für den Mo-
selwein geschüttelt und gerührt: Im Zeitalter des Devon wogte ein
Ur-Ozean. Riesige Sedimentschichten lagerten sich ab. Als die Ur-
Kontinente Gondwana und Laurussia zusammenstießen, wurden die
Sedimentschichten unter enormem Druck und hohen Temperaturen
zusammengepresst: schiefernd falteten sie sich zu einem Gebirge auf,
das sich vom heutigen Nordamerika bis nach Tschechien erstreckte.
Ein Teil davon: das rheinische Schiefergebirge. Im Laufe der Jahrmil-
lionen wurde das Gestein immer wieder gefaltet, gehoben,
erodiert ...
Südlich von Trier, wo heute die Obermosel/Südliche Weinmosel
fließt, gab es vor zweihundertfünfundvierzig Millionen Jahren am
Rand des Gebirges ein flaches Muschelkalkmeer. Aus muschelrei-
chen Ablagerungen, eingetragenem kalkreichem Ton, Silt bzw.
Schluff und Sand entstanden Dolomitbänke. Muschelkalk und Mer-
gel mischten sich zu den heutigen Böden. Dolomitfelsen prägen das
Bild der Obermosellandschaft.
Vor fünfzehn Millionen Jahren begann die Ur-Mosel die Landschaft
zu formen: ein breites, gerades Flussbett. In den jüngsten 2,6 Millionen Jahren grub sich die Mosel mäandernd ihren heutigen Lauf. Wir
hörten Meeresrauschen und glucksende Bäche.

Raum II: Die Treverer
Die hier ansässigen Kelten, Treverer, tranken schon Wein – köstliches
Statussymbol der Oberschicht. Sie bezogen ihn aus dem Süden, dem
Imperium Romanum, ehe sie von ihm einverleibt wurden. Kostbare
Wein-Gefäße, Statussymbole, wurden gezeigt. In unsere Ohren dran-
gen im Halbdunkel keltische Sprachfetzten.

Raum III: Das Imperium Romanum katapultiert Christentum und Weinanbau an die Mosel

Die Römer brachten Christentum und Weinanbau hierher. Im Raum des dritten Jahrhunderts stand eine rekonstruierte Kelteranlag. Denn seitdem wird hier Wein angebaut. Wir hörten Legionäre und Ruderer.

Raum IV: Der Weinanbau in den Klöstern des Mittelalters

In den Klöstern des Mittelalters wurde Wein angebaut, Herren und Knechte huldigten dem Wein unterschiedlich. Wir standen neben einer Klostermauer, blickten in einen Keller und einen Weinberg und hörten gregorianische Gesänge.

Raum V: Das Mittelalter endet, der Wein bleibt

Der nächste Raum widmete sich der Übergangzeit von Spätmittelalter zu Früher Neuzeit. Im Jahr 1401 wurde in (Bernkastel-) Kues der spätere „Nikolaus Kardinal von Kues" geboren, der 1464 in Umbrien starb. Er war Philosoph, Theologe und Mathematiker, einer der ersten „deutschen" Humanisten. Im Jahr 1458 gründete er in seiner Geburtsstadt ein Armenhospital, das bis heute ein Altersheim ist. Dazu gehören ein Weingut und eine Bibliothek – eine einzigartige Handschriftensammlung, mit Werken von Nikolaus von Kues selbst, Hildegard von Bingen und anderen. Im Museum wurde ein Gemälde aus der dortigen Kapelle gezeigt: die kirchlichen Würdenträger werden mit einer Karre in die Hölle geschoben, die Armen stehen vor dem Himmelstor ... In der Ferne trug jemand Gebete vor.

Raum VI: Der Riesling kommt

Im nächsten Raum wurde das erste Schriftstück zum Riesling-Anbau an der Mosel gezeigt. Es datiert aus dem Jahr 1465 in Trittenheim. Wir hörten jemanden mit einer Hacke, der, wie Sie meinten, Pflanzlöcher grub und Terrassen anlegte.

Raum VII: Der Kurfürst, der Riesling, die Revolution und Napoleon

Wir schauten Clemens Wenzeslaus (1739-1812) über die Schulter, wie er sich um den Riesling verdient macht: 1788 schrieb er Vieldiskutiertes über zu bevorzugende Reben.

Doch am 9. August 1794 marschierten französische Revolutionstruppen in Trier auf. Köln, Koblenz und Trier, die linksrheinischen Gebiete, blieben zwanzig Jahre lang französisch. Währenddessen wurden jahrhundertelang gewachsene Strukturen aufgebrochen. Napoleon stand als sprechende Wachspuppe vor uns: „Es ist das Jahr 1804. Mit einem so herzlichen Empfang hier in Trier ... wer hätte damit gerechnet ...?"
Wir hörten Musik von Johann Sebastian Bach, Carl Philipp Emanuel Bach, Beethoven. Betörend schön war Mozarts „Haffner Serenade", in der mich ein Thema immer an das Kinderlied: „Es freit ein wilder Wassermann" erinnert. Er hat sie 1776 komponiert.

Raum VIII: Die Preußen, Karl Marx und das Elend
Während der Befreiungskriege überschritten in der Neujahrsnacht 1814 Truppen den Rhein; am 6. Januar zog eine preußische Abteilung in Trier ein. Ab dem Wiener Kongress, 1815, war die Mosel Preußens einziges Weinbaugebiet, forciert und boomend. Wir standen staunend vor dem Gemälde von Johann Anton Ramboux, das ein Trierer Weingutsbesitzer damals hatte anfertigen lassen – Fragment einer der bedeutendsten Wandmalereien der Romantik. Als Preußen 1834 dem Deutschen Zollverein beitrat, verlor die Mosel ihre Monopolstellung und es ging rasant bergab. Der preußische Regierungsbezirk Trier erlitt Mitte des 19. Jahrhunderts die größte Auswanderung aller preußischen Regierungsbezirke. Wir sahen ein Gemälde aus dem Moselstädtchen Zell. Sie lasen mir vor: „Im Jahr 1852 wanderten 132 Menschen aus: fast zehn Prozent der Bevölkerung."
Karl Marx, bürgerlicher Sohn aus Trier, dessen Familie Weinberge an der Ruwer besaß, schrieb schon Anfang der 1840er Jahre über die wirtschaftliche Not der Moselwinzer – Auftakt seiner sozialkritischen Betrachtungen, weltverändernden Gedanken. Sie machten die bärtige Puppe nach, die Marx spielte ... Ein Museumswärter kam und bat erneut um Ruhe. Wir liefen davon und versuchten, nicht zu lachen ... Die Lautsprecher spielten Beethoven, Chopin, Schubert, Schumann, Weber – gleichzeitig. Sie spotteten zärtlich: „Klassische Musik ist eine Wohltat ..."

Raum IX: Der Riesling an festlicher Tafel

Wir kamen in einen Raum mit Miniaturen der Bernkasteler und Lieserer Villen: kleine Schlösser am Flussufer. Mit den Weltausstellungen, etwa jener 1900 in Paris, demonstrierten Aussteller und Besucher aus aller Welt Weltläufigkeit, das Bürgertum erlangte Reichtum, die Eisenbahnen brachten die Menschen nach überall. Nach dem Sieg der Preußen im Deutsch-Französischen Krieg war Moselwein Modewein geworden. Das Leben wurde leicht und der Moselwein verkörperte diese leichte, spielerische Eleganz. Wagners Rheingold erklang. Sie schüttelten sich und stöhnten: „WAGNER", als eine als ausgemergelter Winzer verkleidete Puppe zu reden begann: „Der Weinhändler P. langweilte sich hier an der Mosel – er sehnte sich nach Kultur. Ihm war so öde. Und da bestellte er sich ein Orchester, das ihm, in kleinen Booten sitzend, Wagners Rheingold spielte. Er selbst saß in einem prachtvollen kleinen Kahn. Aus Frankfurt hatte er Blondinen angeheuert, die nackt, vollkommen nackt, zu den Melodien in der Mosel schwammen, umgeben von Nebel – aus Trockeneis, das er ebenfalls hatte heranschaffen lassen. Wir Winzer waren schockiert und unsere Frauen noch mehr. Sie meinten, so lange die Händler so viel verdienen, müssen sie nicht auch noch unsere Männer auf Abwege bringen ..."

Die Puppe sprach weiter: „Ein Weinhändler aus Bernkastel-Kues hatte sich eine Villa ans Ufer bauen lassen – Vorbild war eine Pariser Stadtvilla (heute ist darin ein Café mit wundervollen Torten). Auch er verdiente Geld mit dem Modewein, ein Grenzgänger. Er wollte etwas Verbotenes tun: Er wollte vierspännig fahren, was dem Kaiser vorbehalten war. Trotz des jedes Mal erteilten Bußgeldes und der nur wenigen Meter bis zur Kirche, hat er sich den Spaß wieder und wieder am Sonntag zum Hochamt gegönnt."

Am anderen Ende des Raumes stand eine feine Tafel, umringt von feiner Gesellschaft, geziert von vielen, vielen Flaschen. Eine elegante, weniger als leicht bekleidete Dame sagte: „Nehmen Sie Platz. Möchten Sie Moselwein? Nach dem Deutsch-Französischen Krieg ist er sehr gut geworden. Unsere Freunde in Paris lieben ihn, haben ihn kürzlich bei der Weltausstellung von Paris mit vielen Medaillen dekoriert. Er ist so leicht, so wunderbar leicht, wir gehen mit ihm über alle Grenzen. Wobei – wir gehen nicht. Wir tanzen. Tanzen Sie mit?" Weinkarten aus der Zeit um 1900 aus Paris, New York, Petersburg, London ... lagen auf dem Tisch. Wir schauten sie verstohlen an. In London trank man offenbar die 1893er Berncasteler zum gleichen Preis wie einen 1893er Château-Mouton-Rothschild. Die Weine von der Saar waren demnach in Königsberg teurer als die von Château d`Yquem oder ein Clos-de-Vougeot. Sie zeigten auf den alten Karten auf die Weine aus der Thörnicher Ritsch und dem Dhroner Hofberg ...

Dann zeigten großformatige Bilder dunkle Szenen. Von der Decke herab hingen riesige Fahnen, durch die wir hindurchgehen mussten wie durch ein Labyrinth: Grau und Schwarz in allen Nuancen und überall Bilder von Verwundeten, zerstörten Häusern, brachliegenden Weinbergen. Aus den Lautsprechern erklangen Brahms, Debussys Stücke der Quellen und ihrer Nymphen, Fauré, Gounod, Massenet, Saint-Saëns, Elgar, Satie, Strauss ...

Raum X: Der Wein der Wirtschaftswunderjahre
Neben einem hölzernen Fuderfass stand ein Opel Rekord 1700 L, Baujahr 1968, mit glänzenden Chromleisten. Eine Puppe im hippen 70er-Jahre-Anzug sprach: „Meine Winzerkollegen nennen mich den ‚Götterflüsterer'. Den fabrikneuen Opel hab ich mir gegönnt: vom Erlös eines Fuders 1966er Trittenheimer Apotheke Auslese. Sagen Sie meiner Frau nicht, dass ich noch zweihundert Mark übrig hatte. Davon hab ich ihr ein Armband gekauft, weil sie so viel im Weinberg arbeitet – auch, wenn man es ihr nicht ansieht. Stellen Sie sich vor: neulich war sie zum Aufbinden im Weinberg und trug dabei nichts als ihren neuen Bikini, damit sie knackig braun ist, wenn wir Ende August nach Nizza fahren. Plötzlich fuhr ein altes Winzer-Ehepaar auf einem alten Traktor vorbei. Die Winzersfrau saß auf dem Schutzblech, in ihrer Kittelschürze. Um den fülligen Bauch hatte sie Bast gebunden und rief, als sie meine Frau sah: ‚Schau mal da, nein, was für ein Schwein'" (Kouk as lo, ne, wat en Schweyn). Barber und Bernstein erklangen aus den Lautsprechern. Louis Armstrong sang „What A Wonderful World". Und Sie lachten leise.

Raum XI: Flora und Fauna im Weinberg
Eidechse, Schnecke und anderes Weinbergsgetier kroch in Herbarien ... Apollofalter flatterten auf Bildern, typische Weinbergspflanzen, die das mediterrane Klima der Weinberge lieben, wurden gezeigt: Mauerpfeffer, Weinbergslauch, Zypressenwolfsmilch, Königskerzen ...

Raum XII: Hör den Weinberg
Es gab eine Klanginsel. Wir saßen dort in einem kleinen, dunklen Raum und lauschten den Klängen eines Frühsommermorgens im Weinberg.

Raum XIII: Grenzenloser Weingenuss: Terroir Moselle
Europas lustigster Weinbaupräsident stand als Puppe im Raum von „Terroir Moselle", dem grenzüberschreitenden Zusammenschluss der Moselwinzer, zeigte Schautafeln mit Fakten und Hintergründen, die Anekdoten wollte er nicht verraten.

Raum XIV: Koste die Schwebenden Gärtchen
Besonders stolz war man auf die Aromenbar, die im letzten Raum stand – sie war alkoholfrei, damit auch Kinder den Aromen des Weines in unterschiedlichen Konzentrationen nachspüren können: von Zitrone und Apfel, Aprikose, Pfirsich, Johannisbeere, Mango und Grapefruit, es duftete nach Honig, Safran, getrockneten Feigen, Karamell, Anis, frisch gemähtem Gras, Heu, regennassem Schiefer, Kalk, Holz, Leder ... Sie atmeten tief.

Doch bevor wir im Museumsshop Weine kaufen konnten, klärten uns die Geschäftsführer der Weinwerbungen in Frankreich, Luxemburg und Deutschland darüber auf, dass sie sehr gewissenhaft die Weine zwischen Koblenz und Bulligny verkostet haben. Wir lachten wie Kinder. Und sie schärften uns ein, dass Wein eine hochernste Sache sei. Wir mussten laut lachen. Und vor lauter Lachen bin ich aufgewacht.
Sind Sie schon einmal lachend aufgewacht, Herr Hermann? Darf ich ihnen das überhaupt erzählen? Aber gehört dieser Traum überhaupt mir, wo Sie doch darin mitgespielt haben? Ist Ihnen schon mal sowas passiert?

Fragt irritiert,
in der Hoffnung, dass Sie nicht irritiert sind
Ihre Ophelia Lay

❦

Ophelia,

vielen Dank für Ihren Traum. Es ist Ihrer. Ich habe leider in der Nacht nichts davon mitbekommen und fühle mich reich beschenkt. Ich glaube, mir hat noch nie jemand einen Traum geschenkt. Heute Abend werde ich ihn mir nochmal durchlesen, freue mich darauf. Vielleicht webt er sich in meinen Träumen weiter!

Betonköpfe unter den Weinbaupräsidenten? Wie sahen Sie im Traum aus? Wie sah ich aus? Wie träumt man von jemandem, den man noch nie gesehen hat? War ich wenigstens gekämmt?

Wo Sie das Museum nun schon geträumt haben: schicken Sie den Entwurf doch einfach mal gleichzeitig als offenen Brief an die Lokalzeitung, den Ministerpräsidenten, den Bauernverbandspräsidenten und schauen, was passiert … vermutlich nichts. Dürfte ich mit Ihnen um ein Glas Mosel wetten? Halten Sie mich auf dem Laufenden? Wenn nur alles so einfach wäre wie in Ihrem Traum und unseren Mails!

Ich hoffe, es geht Ihrem Onkel gut, Sie haben ihn inzwischen besucht und er hat Ihnen von dem Brief von Lisbeth erzählt? Sie ist begeistert von seinem Wein. Gestern war ich bei ihr und sie schenkte mir ein Glas 2003er Laurentiuslay ein: Eine Blütenaromenexplosion in meinem Mund. „Süß", sagte ich. „Sinnliche Opulenz", lachte sie. „Ein bisschen zähflüssig", sagte ich. „Ach was!", sagte sie. „Schau dir die schlierigen Fensterchen an, die satt am Glas herablaufen, wenn man es zärtlich im Licht dreht. Das haben nur die allerbesten Weine. Und ihr jungen Leute meint, der Wein sei süß … Laut Liste von Herrn Benz hat dieser Wein zweiundneunzig Gramm Restzucker pro Liter, das ist so viel wie das Tonic Water, das Kurt immer zu seinem Gin getrunken hat, über das ihr Kinder immer die Nase gekräuselt habt, weil es euch nicht süß genug war. Und braune oder gelbe Limo hatten wir nie im Haus ... die ist süßer, nur weiß das kaum wer. Das hier ist ein Elixier, das man sich zärtlich Schluck für Schluck auf der Zunge zergehen lässt", sagte Lisbeth und schlürfte versonnen. Und dann kicherte sie wie kleines Mädchen: „Huch!"

Sie strahlte, für mich vollkommen unerwartet: „Mir ist so leicht ums Herz. Mein Herz ist so leicht – ich glaube, es geht Kurt gut und ich glaube, er will, dass ich die Jahre, die der Herrgott mich noch hier sein lässt, glücklich bin. Und wenn er nicht ohnehin alles weiß, sieht, miterlebt, was ich hier erlebe, freue ich mich so darauf, ihn wiederzusehen und ihm dann alles zu erzählen – und ich will ihm doch dann Schönes zu erzählen haben!"

Plötzlich ging die Tür auf, ein älterer Herr federte herein und fragte: „Kommen Sie heute Abend wieder mit zum Spaziergang am Rhein?" Lisbeth stellte uns gegenseitig vor. Ich musste ohnehin los und verabschiedete mich schnell ... Sie lud ihn zu einem Glas Wein ein und ehe ich ganz zur Tür raus war, saß er schon am Tisch.

In meinem Agrargeschichte-Skript geht es mit der Neolithischen Revolution weiter, der fundamentalen Veränderung der Lebensweise. Zweieinhalb Millionen Jahre lang waren unsere Vorfahren den Klimaschwankungen ausgewichen, Kalt- und Warmzeiten veränderten die Oberfläche unserer Erde. In der Altsteinzeit veränderte sich nicht wirklich viel, zumindest nicht schnell: Stein wurde bearbeitet, damit er zur Jagd und zum Zerschneiden hernach toter Tiere, Früchte und Stroh, zum Körnerreiben und -mahlen verwendet werden konnte. Als es vor gut zwölf Jahrtausenden wärmer wurde, begannen unsere Vorfahren, ihre Höhlen zu bemalen und Schmuck zu basteln. Und dann: zack, wie ein Flashmob an drei Stellen, etwas zeitversetzt: in China, im Nahen Osten und in Südamerika wurden unsere Vorfahren sesshaft, begannen Äcker anzulegen, Tiere zu züchten und grundschulartige Keramik zu fertigen. Natürlich gibt es verschiedene Theorien darüber, warum sie das taten. Ich vermute, weil sie etwas klüger und bequemer geworden waren und keine Lust mehr hatten, immer rumzulaufen.

Wo es dem Klimawandel zum Trotz noch Gazellen gab, bauten sie einen Steinwall oder Zaun drumherum, schauten ihnen bei der Paarung und beim Aufziehen ihrer Nachkommen zu und wenn die groß genug waren ... man ist, was man isst ...

Es entstanden Häuser und Dörfer. Doch wer sesshaft ist, kann bei Konflikten nicht einfach weglaufen. Wer was hatte, der hatte auch damals vermutlich schon Neider – Rituale, hierarchische Gesellschaftsformen entstanden und irgendeinem Gierhals war wohl langweilig und er erfand Krieg. In diesen größeren Menschenansammlungen mit Vieh zwischendrin breiteten sich natürlich auch Krankheiten und Ungeziefer anders aus, als wenn hier und da mal einer herumrennt ... neue Sorgen – nichts ist vollkommen. Aber unsere Vorfahren entwickelten die Idee von einem vollkommenen, einem paradiesischen Ort.

Assyrische Könige legten schon im elften Jahrhundert vor Christus Palastgärten mit Pflanzen und Tieren an, die die Flora und Fauna aus dem gesamten assyrischen Reich repräsentierten. Es soll Wildparks mit zeremoniellen Jagden gegeben haben. Die Griechen schauten sich bei den Persern die schönen Gärten ab und bezeichneten sie als Paradeisos – orientalische, persische, von einem Wall umgebene Parks: Tier-, Lust- und Zaubergärten.

Und hier ein Querverweis von dem betagten Professor: Die Alhambra sei ein Abbild des islamischen Bildes vom Paradies. Andere sagen, der Islam hätte kein Bild für ein irdisches Paradies. Wie auch immer. „Fahren Sie hin!", hatte der Professor damals gesagt, „am besten im Januar, wenn sich hier der Schnee türmt, wenn Sie von grauen und dunklen Gedanken geplagt werden und dort schon die Mandeln blühen."

Bilder vom Paradies scheinen vielerorts zu kursieren, in jeder Kultur ein etwas anderes: Die Germanen hatten „Wallhall" – die Wohnung der heldenhaft Gefallenen, die Kelten Avalon, den Apfelgarten, die Griechen eine Insel im Westen mit goldenen Äpfeln. Für die Christen im ländlichen Mittelalter sei es das Himmlische Jerusalem gewesen. Dann sei dieses Bild verschwommen und stattdessen der Garten Eden „en vogue" geworden. Klostergärten übernahmen das Bild der geordneten und zunehmend geometrischen Welt. Gab es in Ihrem Traummuseum einen Klostergarten? Barockgärten spielten mit diesem Schönheitsideal. Mit der Aufklärung wurde dann das Paradies wieder mehr und mehr zur Urlandschaft, frei von störender „Zivilisation". Für Ökos ist es das Biotop. Ehe hier Mönche christianisierend von ihrem himmlischen Paradies träumten und erzählten, herrschte bei den Germanen die Angst vor der Göttin Hehl (Frau Holle lässt grüßen), die in stürmischen Winternächten heulend über die Felder jagte und die Männer strafend einsammelte, die den Strohtod gestorben waren: bei der Arbeit in Feld und Flur. Für die Germanen galt wohl nur als Held, auch im Jenseits, wer im Krieg oder bei der Jagd gestorben war – Arbeitsteilung nach Germanenart.

Zu ihrer aller Rettung kamen dann Ordensleute und predigten „Ora et labora" – Freude durch Arbeit und Gebet, für Männlein wie Weiblein ... Und während wir Bauern schufteten, labten sich die schönen Frauen an paradiesischen Weinen. Haben Sie im Museum auch etwas übers Paradies erfahren?

Warum können Sie sich Ihre Träume mit Jahreszahlen merken?

Fragt erstaunt,

mit besten Wünschen für weiterhin aufregende Träume

Ihr Jan Hermann

Herr Hermann,

nun, wären Sie nicht auch von „ora et labora" beeinflusst, wären Sie heute Soldat und nicht Bauer – oder?

„Ora et labora et lege" (Bete und arbeite und lies) gilt als Grundsatz der benediktinischen Klöster und er kommt wohl aus dem Spätmittelalter: „Ora et labora et lege, Deus adest sine mora" (Bete und arbeite und lies, Gott hilft ohne Verzug).

Die Jahreszahlen gehören zu meinem „Mitternachtswissen". Meine Eltern sind beide Lehrer. So, wie andere Kinder mit Gummibärchen abgespeist werden, wurde ich mit Zahlen gefüttert. Das war nicht immer lustig!

„So arbeiten, als könne man ewig leben und so beten, als müsse man täglich sterben", sagte neulich ein reizender Gast zu mir. Meine Gäs-

te bereichern wirklich mein Leben, tragen Glück, Glanz und Schönheit in mein Leben und die alten Mauern. Es ist so anders als in dem
5-Sterne-Hotel in Hamburg, in dem ich gearbeitet habe.
Wie schön, dass es ihrer Tante besser geht! Seien Sie nicht eifersüch-
tig! Warum beobachteten die ersten Bauern die Gazellen?
Mit besten Wünschen,
für Glück, Glanz und Schönheit um Sie herum, für ein leichtes Herz
Ihre Ophelia Lay

❦

Münster,11. August 2005

Liebe Ophelia,
was Sie mir wünschen, wünscht mir niemand sonst. Sind bei Ihnen
an der Mosel alle so drauf? Nehmen Sie noch was anderes ein, neben
dem Wein? Begeisterte Menschen können begeistern. Kein Wunder,
dass die Gäste zu Ihnen strömen. Sie haben zuvor in Hamburg gearbeitet? Haben Sie Zeit, mir davon zu erzählen?
Ja, plötzlich führte der Weg zur Gottheit, zum Paradies, über Gebete
und harte Arbeit. Nun sollte auch die Erde, das Irdische, gestaltet
werden: Landwirtschaft, Fischzucht, Obstbau, Weinbau ... Im Um-
feld der Klöster fanden mehr Menschen Nahrung – in deren Umkreis
wuchs die Population Mensch und die Popularität der Klöster und
ihres Glaubens wuchs auch. Die Benediktiner von Cluny ließen ab
910, die Zisterzienser von Citeaux ab 1098 „Blühende Landschaften"
entstehen – sie christianisierten tiefgreifend und nachhaltig. Allein
die Zisterzienser gründeten mehr als tausend Klöster, woben ein leh-
rendes, grenzüberschreitendes Netz über Europa.
Mit herzlichen Grüßen
Ihr Jan Hermann

❦

Sehr geehrter Herr Hermann,

hier in der Mosel-Region gründete der Heilige Willibrord, ein iro-an-
gelsächsischer Wandermönch, schon im siebten Jahrhundert die Abtei Echternach, eines der ersten Klöster auf dem europäischen Fest-
land, dort, wo schon die Römer einen prachtvollen Landsitz gebaut
hatten, der im fünften Jahrhundert in fränkischen Königsbesitz über-
gegangen war. Willibrord, der auch „Apostel der Friesen" genannt
wird, hat sich einen besonders schönen Ort zur Gründung gesucht:
Wasser in der Sauer, die Mosel und der Weinbau nah und die
Bischofsstadt Trier in sicherer Distanz, über siebenhundert Liter
Niederschlag im Jahr, fruchtbarer Boden, geschütztes Klima ... Das
später erbaute Lusthaus im Klosterpark ist bezaubernd.

Wenn Sie also mit Ihrer Tante an die Mosel reisen: Beehren Sie auch
Echternach. Vielleich an einem Pfingstdienstag – dann gibt es dort
eine archaisch anmutende Prozession: Die Gläubigen „springen" zu
Polkamelodien in Reihen durch die Straßen der Stadt bis zum Grab
des Heiligen Willibrord in der Basilika.

Im Mittelalter mussten die zur Reichsabtei Echternach gehörenden
Gemeinden in der Pfingstwoche ihren Zehnten abführen. Manche
sehen in der Prozession eine Verbindung hierzu, andere eine Dank-
sagung an den Klostergründer – er soll die Menschen der Gegend
vom Veitstanz befreit haben. Manche meinen, die Springprozession
sei aus einem christianisierten heidnischen Ritual hervorgegangen,
so, wie auch die Prümer Springprozession, die wohl im dreizehnten
Jahrhundert entstand. Im achtzehnten Jahrhundert hielt man dieses
Springen für Aberglaube, fürchtete Entgleisungen bei der gesprunge-
ne Ekstase: 1778 verbot Clemens Wenzeslaus von Sachsen das Spektakel in den beiden Orten. Auch Kaiser Joseph II. hat 1786 alle Prozessionen verbieten lassen – nahm dieses Verbot aber wieder zurück
– vielleicht, weil sich niemand daran hielt. Mit der Französischen Revolution und der darauf folgenden französischen Besatzung wurde
die Prozession wieder verboten. Unter Napoléon wurde sie 1801
wieder erlaubt und Frauen durften offiziell mitspringen. 1825 sollte
die Springprozession von Wilhelm I. vom Dienstag nach Pfingsten
auf den Pfingstsonntag verlegt werden, um keinen Arbeitstag zu

verlieren. Doch auch der Großherzog zog 1830 sein Dekret zurück. Während der deutschen Besatzung von 1940-1944 sollte es wieder einmal keine Prozession geben.

Heute springen luxemburgische und deutsche Gläubige nebeneinander, halten sich an Tüchern, die sie zwischen sich spannen. Kinder beidseits der Grenze lieben den Tag mit der anderen Art von Unterricht.

Bräuche halten sich hier lange, sind grenzüberschreitend – älter und beständiger als die Grenzen. Vielleicht haben Sie ein bisschen Recht: so schnell ändert sich hier nicht viel. Und ich glaube, genau das ist das Besondere.

Mit besten Wünschen für einen sonnigen, springvergnügten Tag
Ihre Ophelia Lay

Münster, 14. August 2005

Ophelia,

wie alt muss man sein, um so viel Wissen über eine Region gesammelt zu haben? Seit wann leben Sie an der Mosel und wie lange waren Sie in Hamburg? Warum fütterten Ihre Eltern Sie mit Zahlen? Leben Ihre Eltern noch – an der Mosel? Gibt es in allen luxemburgischen Klöstern Lusthäuser? Wie sieht das Lusthaus aus?

Bis zum nächsten Pfingstfest dauert es noch lange. Ich würde mich wirklich freuen, wenigstens einige der von Ihnen beschriebenen Plätze zu besuchen. Kann es sein, dass es Ihnen sogar gelingen würde, dem unscheinbarsten Ort der Welt zu huldigen? Was sagen Sie beispielsweise zu Lüttich – ein Studienkollege sagte einmal zu mir, es sei eine von Europas ... Industriestädten?

Hatten Sie einen Lieblingsort in Hamburg? Dorthin muss ich öfter mal zu Pressekonferenzen. Dürfte ich ihn besuchen?

Kennen Sie das Gefühl, zu rennen und zu rennen und zugleich auf der Stelle zu stehen?

In Vorfreude auf Ihre Geschichten aus dem Paradies
Ihr Jan

Lieber Jan Hermann,

mir scheint, Sie sind urlaubsreif! Urlaub hilft, das Leben zu überden-
ken – Atempause, Perspektivwechsel, innehalten im Hamsterrad.
Das Leben ist zu kurz, um zu rennen und zu rennen und dabei auf
der Stelle zu stehen!

Stellen Sie am Abend, statt ins Bett zu gehen, einen Wecker auf dreißig Minuten:

Fragen Sie sich dann einfach, wann Sie sich wie viele Tage Auszeit
nehmen können. Dann prüfen Sie Ihr Budget und schreiben den Betrag auf. Legen Sie eine große Weltkarte vor sich.

Auf ein erstes weißes Blatt Papier schreiben Sie in die oberste Zeile
von links (die erste Spalte freihalten) nach rechts unterschiedlichste
Urlaubsziele und Sehnsuchtsorte: Hawaii, Grönland, Eifel, Seychel-
len, Harz, Provence, Piemont, munter drauf los ...

Auf ein zweites weißes Blatt schreiben Sie ALLES, was Sie im Urlaub
machen möchten: Ausschlafen, auf dem Ballermann saufen, billige
Handytarife nutzen, fliegen, tauchen, alle zuhause gestapelten Bücher lesen, Museen anschauen, besser Kochen lernen, fernsehen, Reiten lernen, in der Sonne liegen, mediterrane Gerichte essen, das Meer
und die Möwen hören, Museen besuchen, Gipfel erklimmen, Eski-
mos persönlich kennenlernen, Ruhe haben, Kloster auf Zeit,
Wildwasserklettern, die Seele baumeln lassen ...

Zehn Minuten reichen auch, um verrückte Dinge aufzuschreiben.
Die Aktivitäten schneiden Sie dann alle aus und suchen sich die fünfzehn wichtigsten aus. Nehmen Sie jedes Zettelchen in die Hand und
fragen Sie sich, etwa beim „Bergsteigen": würde mir das guttun? Will
ich das wirklich? Sortieren Sie die Zettelchen nach abnehmender
Wichtigkeit – und schreiben Sie links in die erste Spalte vom ersten
Blatt „das Wichtigste zuerst" (das Lebensmotto vieler Moselaner).

Dann vergeben Sie ++/+/o in den Spalten – wenn Sie nicht sofort klar
erkennen, was Sache ist, multiplizieren Sie die oberste Zeile mit fünfzehn, die zweite mit vierzehn ... und zählen die Inhalte der Spalten
fein säuberlich zusammen. In die unterste, die „Cash-flow-Zeile" schreiben Sie, was Sie der Urlaub in der maximal nehmbaren Urlaubs-
zeit kosten würde. Wenn Sie also in der Provence die meisten Punkte

hätten, der Urlaub aber doppelt so teuer würde, wie Ihr Budget es erlaubt: halbieren Sie die Reisezeit und prüfen Sie, was Sie davon auch zuhause machen könnten, ob bei kürzerer Flugstrecke, geringeren Flugkosten Ähnliches machbar wäre. Wenn Sie Mitreisende haben: fragen Sie sie, ob Sie Ihre Reisepläne teilen wollen, vielleicht machen Sie das Spiel auch gemeinsam ... Sehen Sie Ihren Sehnsuchtsort?

Und wenn es Ihnen nicht gelingt: vielleicht hören Sie eine minimalistische Musik dazu, etwa von Ludovico Einaudi, die auf dem schmalen Grat zwischen Pop und Klassik balanciert. Und wenns pur sein soll: Miles Davis.

Holen Sie tief Luft: atmen Sie zuerst aus. Schließen Sie die Augen, legen die Zunge hinter die oberen Schneidezähne. Dann lassen Sie die Luft in sich einströmen und stellen sich dabei vor, wie neue Energie in sie einfließt. Beim nächsten Ausströmen der Luft legen Sie Ihre Zunge hinter die unteren Schneidezähne und schauen dem Stress nach, wie er Ihren Körper verlässt ... Man kann es wiederholen ...

Und dann schließen Sie wieder die Augen und stellen sich vor, wie es an Ihrem Lieblingsurlaubsort riechen wird. Denken Sie an nichts anderes als an diesen Geruch. Atmen Sie ihn ganz tief ein, lassen Sie ihn tief in sich strömen. Stellen Sie sich vor, welche Farbe der Himmel dort haben wird, wie das Essen schmecken wird und konzentrieren sich darauf, an wirklich nichts anderes zu denken. Und vielleicht versuchen Sie auch, sich die Geräusche vorzustellen ...

Im Idealfall fühlen Sie sich danach schon ein wenig erholt. Hoffentlich! Mit besten Wünschen für wunderbare Ferien und Abenteuer im Kopf, dass Ihr Alltag nicht alltäglich ist

Ihre Ophelia Lay

PS Lüttich, also Liége, ist in der Tat eine bezaubernde Stadt. George Simenon beschreibt sie ein wenig, wurde dort geboren. Pracht strahlt aus den Bauten, die zur Weltausstellung gebaut wurden. Hinschauen müssen Sie schon selbst! Für meinen Lieblingsort in Hamburg, schäme ich mich fast ein wenig: Er ist unhanseatisch: das Café Paris mit seinen Köstlichkeiten. Dort saß ich oft auf der langen Bank und hatte Sehnsucht nach der französischen und der deutschen Mosel, nach dem engen Tal und las die (Mosel-) Bücher, die Gerda mir mitgab oder per Post schickte. Ich habe in Hamburg viel über die Mosel gelernt. Meine Zeit dort war eine klassische Fehlplanung ... ich habe viel zu lange dort verharrt, fühlte mich als Opfer der Umstände, statt sie einfach zu verändern, dorthin zu gehen, wo sie anders sind. Meine Eltern sagen immer: Je größer das Unternehmen, desto höher die Karriereleiter ...

Vielleicht muss man erst erkennen, was man nicht will, eine Phantasie für das Paradies entwickeln, es selbst bauen, waghalsig reinspringen – Unternehmer zu sein, heißt, Dinge zu wagen, Lust am Risiko und am Gewinn. Marktanalysen betrachten die Vergangeheit und die Gegenwart, Unternehmer wollen die Zukunft gestalten ... So viele Menschen sprechen davon, was sie im nächsten Leben anders machen wollen. Was würden Sie im nächsten Leben tun? Was, wenn Sie in diesem noch fünfzig Jahre hätten, noch fünfzig Tage, noch fünfzig Minuten. Tun Sie es jetzt!

Münster, 16. August 2005

Ophelia,

Sie sind von einer halbwegs illegalen Weinkurierin zu meiner Urlaubsberaterin geworden. Lüttich? Sollte ich nach Lüttich fahren? Die Schönheit der Dinge soll ja in den Augen des Betrachters liegen ...

Ich wage gerade nicht, Ihr locker-flockiges Dreißig-Minuten-Spiel zu spielen. Nicht einmal für den Urlaub. Es ist einfacher, in Lethargie zu verharren. Vielleicht sollte ich mal wieder in den Dom gehen. Aber: Stille kann auch gewagt sein. Mehr als alles andere?

Mit besten Wünschen

Ihr Jan

Lieber Herr Hermann,

vielen Dank für die CD von Miles Davis. Würden Sie die nicht besser mal selbst hören?

Auch unter meinen Gästen gibt es immer welche mit Verharrungstendenzen. Schon wenn Sie zum ersten Mal das Haus betreten, spüre ich, wie verharzt ihr Körper, ihr Verstand und ihre Gefühle sind. Ablenkung tut dann erstmal gut, ein anderes Dach über dem Kopf, das Sein in einem anderen Haus, das nach den Lehren des Feng Shui Einfluss auf unser Leben haben soll ...!

In einem reizenden Buch über die alten Heilbäder in Europa habe ich kürzlich etwas über das belgische Spa gelesen. Das Städtchen ist nur einhundertdreißig Kilometer von hier entfernt und war schon 1734 bei der Upperclass Europas sehr beliebt; so sehr, dass man es irgendwann als Synonym für Badeort verwandte, bis heute.

Im „Café Europas" trafen die VIPs aufeinander, inspirierten sich, bei den Bällen ... wussten um ein Nacheinander, Miteinander. Die von 1752 bis 1939 geführte Gästeliste nennt mehr als hundert königliche Besucher. „In dieser Menge, in der sich wie in einem Strudel alle Ränge, alle Genies vermischen ... die sich alle verbünden, zusammen leben, spazieren gehen, spielen, sich von früh bis spät vergnügen und sich königlich amüsieren", soll es im 1734 erschienenen Heft „Les Amusements des eaux de Spa" geheißen haben, das es wohl in Englisch, Deutsch und Niederländisch gab. Auch in den Bibliotheken von Marie Antoinette und Napoleon hat man angeblich Exemplare gefunden. Monteverdi und Liszt waren auch in Spa ... Und heute werden die prachtvollen Häuser emsig renoviert ... das Gute liegt manchmal sehr nah!

Ihre Ophelia Lay

... diesen Spruch bringe ich mit der Wieskirche in Verbindung: „Hier wohnt das Glück". Das Paradies ist sicher da, wo das Glück wohnt ... eine kleine Reise im Kopf, unermessliches Abenteuerland, wenn wir es zulassen.

Liebe Ophelia,
vermissen Sie Hamburg nie? Was gibt es Neues im Paradies? Haben
Sie geträumt? Leider habe ich die Geschichte nicht weitergeträumt.
Wo bestellen Sie Ihre Träume?
Fragt, mit herzlichen Grüßen aus dem trägen Münster
Ihr Jan Hermann

Sommerath/Mosel, 23. August 2005

Lieber Jan Hermann,
nun, dann versuche ich, Ihnen aufmunternde Geschichten aus dem
„Paradies" zu erzählen:
Hier wurde gerade das legendäre Weinfest gefeiert. Hatte ich Ihnen
schon von den wunderbaren Disputen zwischen Trittenheimern und
Leiwenern erzählt? Die Trittenheimer werden von den Leiwenern
„Koadern", also „Kater" genannt und brüsten sich damit, dass es bei
ihnen wärmer und somit der Wein besser sei. Seit einigen Jahren feiern die Jungwinzer ihr „Brückenfest" (unter der Brücke feiern ist ähnlich verwegen, wie unter der Brücke schlafen). Die Leiwener feiern am
dritten Wochenende im August ihr Weinfest: Gäste, in alle Welt ver-
streute Familienangehörige – alle kommen, besonders am Montagabend, zur Jungweinprobe der Jungwinzer. Dann stehen nach der
Pause tausendfünfhundert Menschen auf den Tischen und Bänken
und tanzen. Zu jedem der gereichten, zuvor in Blindproben heraus-
gesuchten und dort von einem Sommelier kommentierten Weine,
wurden in diesem Jahr Filme über die jeweiligen Winzer gezeigt. Sie
sind ganz kurz, damit die Besucher nicht überfordert werden – sie
wollen schließlich auf den Tisch. In diesem Jahr lautete das Thema:
„Riesling rockt" – jeder Jungwinzer spielte einen Rockstar.
Einer der Jungwinzer aus Leiwen verkleidete sich als Elvis, trieb einen
Ghettoblaster und ein altes leeres Metallfass auf und entzündete darin unter der Trittenheimer Brücke ein Feuer. Der Ghettoblaster
spielte „In the Ghetto" und der Winzer, der sonst Domführungen
macht und im Männer-Gesangverein singt, rockte sich in Ekstase –

bis die ein paar Häuser weiter am Ufer lebende Frau Müller herbei-
eilte und drohte, die Polizei zu rufen. Sie habe die Kameramänner
nicht beachtet und nicht mal gelacht. Neulich erzählte mir eine
Winzerfrau aus Leiwen von einer reizenden Episode auf einer
Hochzeits-party im vergangenen September. Ein Industriellen-
Erbe hat sich vor einigen Jahren ein Weingut an der Saar gekauft,
betreibt leidenschaftlich und erfolgreich Weinbau, platziert seine
Weine in den angesagtesten Restaurants auf der ganze Welt, besonders, wenn gutaussehende Sommelièren dort arbeiten. Bei seiner
Hochzeitsparty saß die Winzerfamilie Müller aus Trittenheim neben
jener jungen Frau aus Leiwen. Nach dem verschwenderischen Feuer-
werk im Park am Moselufer vor dem Schloss-Restaurant bei Trier
kehrte man wegen der kühlen Nachtluft an den Tisch zurück. Die
Leiwenerin streifte ihr Organzawestchen mit Vintage-Pelzkragen
über. Wissen Sie, was Frau Müller gesagt hat? „Oh – in Leiwen müssen sie im September schon Pelz tragen, so kalt ist es da" (O Leit her
– in Leiwen meessen se at im September de Pelz andoon, su kalt es et
doo). Vielleicht kriecht in mir manchmal eine kleine Sehnsucht ins
verregnete, anonyme Hamburg hoch. Erzählen Sie mir ein paar Geschichten „aus dem Bauerndorf"?
Fragt, herzlich grüßend
Ihre Ophelia Lay

PS Die Frau eines Winzers hier im Dorf erzählt gerne diese Geschichte von Bauern und Winzern. Sie ist eine Bauerntochter aus der Eifel
und liebt die Scherze der Hunsrückerinnen, die bei ihrem Mann mit
in den Weinberg gehen, besonders diesen: Die Eifel beginnt da, wo
die Kühe hübscher als die Frauen sind.
Zum Polterabend des Paares an der Mosel waren wohl auch die Bauern der Nachbarhöfe der Bauerntochter gekommen – neugierig auf
das Weingut. Beim Nachhausegehen, schon in der Tür stehend, habe
einer gefragt: „Bist du froh, einen Winzer zu heiraten?" (Un, bes de
fruh, dat ste en Winzer heyrods?) „Ja!", antwortete die zukünftige
Frau des Winzers, „sonntagsmorgens, wenn ich mich, statt Kühe zu
melken, nochmal im Bett umdrehen kann." Wissen Sie, was der Bauer gesagt haben soll? „Stattdessen musst du samstagsabends den

Weinkunden ein schönes Gesicht zeigen. Dann gehe ich lieber am Sonntagmorgen zu meinen Kühen!" (Dofier mohs dau Samstesowends de Kunne e schien Gesiecht machen. Da john eych lewa Sunnesmorjens bey meyn Keh).

Na, na, na, Ophelia,

Sie tanzen auf Tischen? Sie überraschen mich!

Sind im Nachbardorf viele Winzerfrauen gegen Spaß imprägniert? Gab es früher zwischen Trittenheimern und Leiwenern auch zünftige Schlägereien, wie hier mancherorts? Dann hat aus Frau Müllers Familie vielleicht noch wer einen linken Haken gut? Halten Sie Ihr doch einfach mal stellvertretend die rechte Wange hin! (bitte nicht wirklich!)

Also hier eine Sie hoffentlich ein wenig ermunternde Geschichten aus dem Nähkästchen der Bauern:

Mein Studienkollege und Freund Xaver sieht aus wie Uwe Ochsenknecht, kommt aber aus Bayerns wildem Osten und redet auch so. Er muss also gar nichts sagen, um die Lacher auf seiner Seite zu haben. Heute ist er Geschäftsführer einer großen Bio-Kette – seriös, eloquent, erfolgreich.

Die Marketing-Vorlesungen hatte er oft verschlafen, weil der Professor ausgerechnet freitagmorgens die beiden ersten Stunden auf dem Lehrplan stand. Und er hatte viel zu tun, der Xaver. Er musste oft zum Philosophieren in unsere Studentenkneipe „Quasimodo" gehen, fuhr LKW, zeugte bei zwei Frauen Kinder ... Er kannte den Stoff also nur aus dem Skript einer strebsamen Kommilitonin. Und dort hatte er wohl gelesen, dass damals, in den frühen Neunzigerjahren der „Außer-Haus-Verzehr" signifikant zunahm – Convenience war ein Zauberwort. Der erste Job, um den er sich nach dem Studium bewarb, war bei einem großen Fleischhandelshaus. Herren aus dem Aufsichtsrat und eine gut gebaute Sekretärin saßen wohl mit ihm im Büro des Geschäftsführers. Er fühlte sich seinem Ziel nahe. Dann kam die Frage, wie sich nach seiner Meinung der Fleischmarkt weiter entwickeln werde. „Der Außer-Haus-Verkehr wird weiter zunehmen – mit allen Konsequenzen auf den Fleischmarkt", sagte Xaver. Leider habe außer ihm niemand gelacht.

Ein ähnlich extrovertierter Frauenschwarm wie Xaver war Mell. Leider ist er im vergangenen Jahr abgestürzt. Vermutlich gab es in Deutschland keinen auch nur entfernt ähnlichen Bauern wie ihn. Er sah aus wie Robert Redford, war allerdings deutlich größer. Sein Bauernhof lag in einem idyllischen Seitental der Eifel – eine Wüstung. Er hielt kein Vieh – ein Maschinenfreak – er bastelte gerne aus mehreren alten Maschinen eine neue zusammen. Und so war sein Mähdrescher in den späten Achtzigern keiner mit vollklimatisierter Kabine, sondern ein antiquarisches Modell – mit Außensitz vorne. Mähdrescherfahren ist dann ein heißes Geschäft. Die Motoren drehen hochtourig. Er fuhr angeblich, auch wenns kühler war, im Stringtanga den Mähdrescher. Er liebte es, zu mähdreschen und hatte dann vermutlich wenig Zeit für seine Freundinnen, die er angeblich immer auswechselte, wenn sie älter als fünfundzwanzig wurden ...

Kennengelernt habe ich ihn an einem Hochsommertag, an dem er seinen Mähdrescher auch als Fortbewegungsmittel zum Nachbarhof nutzte. Ich kann mich nicht erinnern, warum mich meine reitende Kommilitonin zu dem pferdezüchtenden Bauern geschleppt hatte und Mell dann dort erhitzt vom Mähdrescherfahren auftauchte. Vermutlich ging ein Gewitter nieder, warum sonst hätten wir während der Ernte im Wohnzimmer sitzen sollen?

Der erhitzte Jungbauer setzte sich mit seinem Stringtanga (!) auf das skandinavische Schurwollsofa im Wohnzimmer des Nachbarbauern. Das wohl nur rasch übergezogene Hemd klaffte und zeigte seinen braungebrannten Oberkörper. Meine Kommilitonin war schweigsam.

Auf dem Rückweg nach Bonn sagte ich in die Stille zur pferdebegeisterten, adligen, streng erzogenen Bekannten lachend: „Mensch, hoffentlich hat ihm das Schurwollsofa nicht zu viel am Hintern gekratzt." Die bis dahin untadlige Adlige sagte versonnen: „Ich konnte gar nicht mehr wegschauen", und schwieg die gesamte Heimfahrt.

Er war Drachenflieger und hatte die Adlige und mich zum Mitfliegen eingeladen – ein wilder Hund. Ich hatte keine Zeit (weil ich lieber bei meiner Familie mitarbeite, statt den Boden unter den Füßen zu verlieren … Nirgendwo sonst lassen sich die Worte für Kommentare so gut zurechtrütteln wie beim Grubbern und Pflügen – das Aufreißen und Umwälzen des Bodens ist meditativ). Die Adlige strahlte mich später in einer Vorlesung an: „Er wird mit mir fliegen." Leider ist er abgestürzt; gottlob allein. Warum, weiß keiner so ganz genau. Bei seiner Beerdigung auf dem Friedhof der kleinen Stadt waren auch aus dem Ausland Flug-Freaks angereist, Gestalten, wie sie die alten Bäume auf dem Friedhof im Eifelstädtchen vermutlich noch nicht oft zu sehen bekommen hatten; ich auch nicht. Und eine Gruppe schöner Frauen unterschiedlichen Alters stand weinend am Grab. „Seine Verflossenen – es sind nicht mal alle da", tuschelten die Nachbarinnen mit ihren gutmütigen Gesichtern über fülligen Körpern und weinten ein bisschen mit. Meine adlige Kommilitonin weinte neben mir in mein Taschentuch. Sie hatte gefleht, dass ich sie begleite. Ich fühlte mich hilflos und fragte mich, ob es gut ist, verwegen zu sein, schamhaft zu sein, ob es gut ist, die Menschen zu schonen, die einem der liebe Gott ins Leben gestellt hat …

Mit besten Wünschen für weiterhin wundersame Träume,
in der Hoffnung, davon erzählt zu bekommen
Ihr Jan

Sommerath/Mosel, 24. August 2005

Lieber Jan Hermann,
herzlichen Dank für Ihren Brief und Ihr Buchpaket. Ich habe ganz wunderbar gelacht: „Die schönsten Schweine" und „Die Ziege – Eine Huldigung". Herzlichen Dank! Ich freue mich schon sehr darauf, sie zu lesen, auf die Zeit dazu. Das Haus ist voller Gäste. Gut, dass ich noch eine junge Frau als Hilfe einstellen konnte.

Stellen Sie sich vor, was mir heute passiert ist: Etwas unterhalb von uns leben Schwäne. Und das, solange sich die Leute aus dem Dorf an das Haus erinnern können. Offenbar hat nie jemand etwas dazu aufgeschrieben. Wer schreibt über Schwäne?

Manchmal laufen sie hier oben am Haus entlang. Sie tauchen auf

und verschwinden wieder – ein Naturereignis und immer ein bisschen wie ein Zwinkern vom lieben Gott: „Mensch, hör niemals auf, dich zu wundern – du kannst Kunst malen und zum Mond fliegen, aber die Natur erreichst du nicht!" Schwäne sind für mich Paradiesvögel, Wesen aus einer anderen Welt. Es ist mir fast peinlich, aber ich weiß nicht, ob es „meine" Schwäne waren, die ich heute Mittag mit Herzklopfen beobachtet habe: Ich musste Onkel Theo helfen sein Auto nach Mehring in die Werkstatt zu bringen. Er wollte mich besuchen und blieb kurz vor dem Haus mit dem Wagen liegen, kam aufgeregt hierher. Ich habe ihn abgeschleppt. Und kurz vor der Thörnicher Brücke sah ich zwei Schwäne, die sich gerade aus dem Wasser erhoben. Laut ist es, wenn sie den Kraftakt vom Schwimmen zum Fliegen wagen und lange scheint der Sieg über die Schwerkraft ungewiss. Nur ein paar Flügellängen über dem Wasser folgten sie den Kurven der Mosel, denen am Ufer die Straße folgt, der ich atemlos folgte, während ich im Rückspiegel Theo beobachtete, ob er in der Spur blieb. Aus dem Autoradio klang Filmmusik von Yann Tiersen. Die Schwäne erreichten gleichzeitig mit uns die Mehringer Brücke – das sind fast zehn Kilometer! Was für eine Schnelligkeit und Ausdauer! Zähe Burschen mit schier unbändiger Kraft. Dann landeten sie.
Sie taten so, als würden sie nie etwas anderes tun, als das: Makellos, anmutig, schwerelos und beschaulich durchs Wasser gleiten.
Mit besten Wünschen für schöne Träume
Ihre Ophelia Lay

Münster, 24. August 2005

Ophelia,
Schwäne leben bei Ihnen? Es wird Zeit, dass ich bei Ihnen vorbeischaue. Je länger ich zögere, desto größer wird meine Angst.
Als Junge hatte ich auch Angst. Mein Bruder war schon mit sechzehn Jahren 1,96 Meter groß, gebaut wie ein Mann. Ich war mit siebzehn noch schmal wie ein Handtuch. Damals lungerten oft Mädels aus unserer Schule wie hungrige Katzen bei uns auf dem Hof rum, tätschelten die Pferde und schauten verstohlen meinem Bruder hinterher.

Mich würdigten sie keines Blickes. Auch die frühreifen aus meiner Klasse und der Parallelklasse tauchten irgendwann bei uns auf.

Meine Schwester hatte Gitarrenunterricht. Und irgendwann mit siebzehn schnappte ich mir ihre Gitarre, ließ mir ein paar Akkorde zeigen und begann mit meiner plötzlich tiefen Stimme dazu zu singen. Aufregendes Neuland. Und: auf einmal schauten mich die Mädels an. Okay, anfangs saßen nur die bei mir, auf die mein Bruder nicht reagierte. Aber auch die waren hübsch und sogar ein bisschen netter als die, mit denen mein Bruder anbandelte.

Irgendwann musste ich in Deutsch eine Facharbeit schreiben. Und weil die Mädels besonders gerne „Zogen einst fünf wilde Schwäne" hörten, habe ich darüber geschrieben und meine Deutschnote aus dem grauen Viererbereich rausmanövriert; das heißt, Sophia, ein Mädchen aus der Parallelklasse, hat geschrieben. Und wir haben uns eine Woche lang täglich gesehen – in der ich viel Gitarre spielte und sie an dem Referat feilte. Und weil ich hautnah an der Entstehung beteiligt war, war es mir nachher so, als wäre das Referat wirklich von mir. Die Lehrerin war gerührt und ich bekam eine „Eins"; Sophia errötete, lächelte, als sie von der „Eins" hörte – fast das selige Lächeln, das sie mir als erste Frau überhaupt gezeigt hatte. Ich glaube, ich kann das fast hundert Jahre alte Lied noch auswendig ... Ich muss los, mit meiner Elfie ins Gelände, ehe es schon viel zu früh dunkel wird.

Mit besten Wünschen für wundersame Träume,
von schönen Schwänen, Schweinen und Weinen
Ihr Jan

PS Wissen Sie eigentlich, dass die britischen Schwäne unter dem Schutz der Königin stehen? Grüßen Sie Ihre königlichen Gäste!

Sommerath/Mosel, 24. August 2005

Lieber Jan Hermann,
natürlich kann ich Ihre Lehrerin gut verstehen, dass sie gerührt war. Ich habe gerührt: Zehn Kilo Mirabellen zu Marmelade, fünfundvierzig Gläser ... Wie kurz die Tage jetzt schon sind. Heute raschelten die

ersten gelben Blätter unter meinen Füßen – Mirabellenbaumblätter. Wehmut raschelt dann. Kennen Sie Benns Gedicht zum August? Lothringen ist hier so nah – eine vollkommen andere Welt. Wie ich die Fahrten dorthin liebe! Wie schnell es sich hier über Grenzen gehen lässt. Die Bürger der Freien Reichsstadt Metz haben sich einst „citains" genannt, man sagt wegen des gelebten Modells der italienischen, autonomen Cittá. Rege Kontakte mit den italienischen Handelsstädten hatten auch „lombardische Kontore" in die Stadt gebracht – Geld und Kreditgeschäfte. An Fürsten und Könige aus ganz Europa wurde Geld verliehen.

Auf dem Place St. Louis mit seinen Arkaden und schmalen Häusern glaubt man noch etwas aus jener Zeit zu erkennen – dem dreizehnten Jahrhundert, als auch mit dem Bau der Kathedrale begonnen wurde (später, als der Buchdruck erfunden wurde – Herr Gutenberg hatte eine Art Weinpresse für den Buchdruck umgebaut – brauchte man nicht mehr so viele Kirchen, um in Bildern die christliche Botschaft unter das Volk zu bringen). Die Kathedrale von Metz gilt als eine der schönsten gotischen Kirchen – Glasfenster von insgesamt 6500 Quadratmetern – umspannt und unauffällig getragen von filigran scheinendem Stein und etwas Metall.

Links hinter dem Altar: die Fenster von Chagall.

Ob es sich an irgendeinem anderen Ort der Welt so weinen lässt wie dort? Die Fenster zeigen die Schöpfungsgeschichte bis zum Sündenfall – auf der lichtdurchfluteten Grenze zwischen Drinnen und Draußen: „Die Vertreibung aus dem Paradies". In ihrer lichtleichten Magie erinnern sie an die Chapelle du Rosaire de Vence von Henri Matisse – vielleicht der weltentrückteste Ort, an dem ich je sein durfte.

Die Trierer sind da ganz anders. Der Verbindungsgang zwischen dem Dom und der Liebfrauenkirche heißt „Im Paradies". Kein Wort von Vertreibung ... und dahinter liegt der geheimnisvolle Kreuzgang.

Aber zurück zu den Mirabellen: gelbe Marmelade strahlt wie die Sonne. Wenn der Tag jung ist, man nicht weiß, was er bringen mag, alles möglich ist, wenn er nach Abenteuer und Leben schmeckt und die Marmelade goldgelb wie die Sonne strahlt, das ist die orale Aufnahme von Vorschusssonnenstrahlen. Ich kaufe die Mirabellen bei einem Bauern in Marieulles-Vezou, fünfzehn Kilometer südlich von Metz – hundertfünfzig Kilometer von hier. Man unterscheidet die „Mirabelle von Metz" von der „Mirabelle von Nancy". Jene von Metz gelten als kleiner, bunter, dünnhäutiger und besonders aromatisch. Zehn Kilo der „schön Anzusehenden" (Mirabelle), die die Sonne noch in Frankreich an einem verträumten Baum neben einem uralten Bauernhof aufgehen sahen, sind jetzt mit zehn Kilo Zucker für den nahenden Winter vermählt, verrührt – Sommer im Glas. Wie müde ich bin.

Der Sohn des Mirabellenbauern hat mich für nächstes Wochenende zum Mirabellenfest in Metz eingeladen. Im Dom soll es dann ihr zu Ehren ein Pontifikalamt geben. Auch andere Gaukler, Musikanten und Artisten werden dann den sündig-süßen Früchten huldigen, sie auf den Plätzen der Stadt feiern. In Metz soll ein junges Mädchen zur Mirabellenkönigin gewählt werden, das dann bei der Wahl der „Miss France" für Lothringen ins Rennen geschickt wird. Bei der „Montgolfiade" werden frühmorgens und spätabends Ballons über dem „Centre historique" von Metz schweben, ihre Mitfahrer von oben auf die Stadt schauen lassen, wo Rabelais und Verlaine einst gedichtet haben . Und obwohl es von unten wunderbar anzusehen sein soll, hat er mich zur Ballonfahrt eingeladen.

Aber bevor ich einen Höhenangsttraum träume: Lothringen huldigt den Mirabellen letztlich aus traurigem Grund – sie wachsen dort, wo einst Reben wuchsen. Im Jahr 1850 fuhren die ersten Züge auf der Strecke Metz-Nancy. Für Taglöhner und arme, kleine Bauern war der Weg zu besser bezahlter Arbeit in den boomenden Industrieregionen frei, zugleich kamen Billigweine aus anderen Regionen Frankreichs nach Lothringen. Im Jahr 1868 soll es an der (heute) französischen Mosel noch 40.000 Hektar Rebland gegeben haben (an der deutschen Mosel sind es heute neuntausend Hektar).

Der Deutsch-Französische Krieg 1870/71 endete wie Kriege immer enden: mit Witwen und Waisen, Elend, Leid und Tod. Elsass-Lothringen wurde annektiert. Die Champagne, einst wichtiges Absatzgebiet für lothringische Trauben, war Ausland geworden. Und dann kam auch noch die Reblaus aus Amerika. Sie wurde in den sechziger Jahren des 19. Jahrhunderts mit Rebstöcken von der Ostküste Amerikas über London nach Südfrankreich eingeschleppt und breitete sich von dort über die europäischen Weinbaugebiete aus – auch entlang der Mosel, setzte sich über wechselnde Staatsgrenzen hinweg und erreichte in den fünfziger Jahren des 20. Jahrhunderts die Mittelmosel.

Ich verkrieche mich jetzt mit Angst vor Läuseplagen und Höhenflügen ins Bett ... muss um halb sechs wieder raus, weil Anna heute den ganzen Tag mitgeschuftet hat und die Gäste ab halb sieben ein wunderbares Frühstück haben sollen ... und ich ordentlich gekämmt und lächelnd sein sollte.

Mit besten Wünschen für eine gute Nacht, und schöne Spaziergänge mit Ihrer Elfie,

Ihre Ophelia Lay

Ophelia,

vielen Dank für Ihre mitternächtliche Mail. Woher wissen Sie das alles? Ich fürchte, Sie kennen sich in der Foodbranche besser aus als ich ... zumindest anders, jene Seite der Medaille, die mir bislang fremd war. Ab wann wird es in Ihrem Bed and Breakfast wieder ruhiger? Ab wann haben Sie genügend Schlaf? Ab dem ersten September? Wann haben Sie Zeit für einen gemeinsamen Besuch im Beethovenhaus? Das geht ganz ohne Höhenangsthöllenqualen.

Im Ernst: wenn Sie Höhenangst haben, dann bleiben Sie doch auf dem Boden und dem Mirabellenfest fern! Wie alt ist dieser Mirabellenbauernsohn? Hat er schon einen Führerschein? Lassen Sie sich doch keine (F)Lausen in den Kopf setzen. Sowas Unvernünftiges.

Ja, ich hätte Zeit für genügend Schlaf gehabt. Aber ich habe mich wieder durch YouTube treiben lassen. Die Akademie für Alte Musik hat es mir angetan und Angelika Kirchschlager auch. Ich werde sie demnächst meiner Tante zeigen, die inzwischen auch schon gerne durchs Internet rauscht. Wir haben kürzlich zusammen Fritz Wunderlich angeschaut und gehört. Was für eine Stimme! Ja, Lisbeth würde sehr gerne mit mir ins Fritz-Wunderlich-Museum fahren. Aber mein Terminkalender ist pickepackezu.

Ophelia, Sie bringen mich auf seltsame Ideen. Wissen Sie, wovon man träumt, wenn man auf langen Bahnfahrten Kirchschlager hört? Und wichtig: wenn es Ihre Zeit erlaubt: erzählen Sie mir von dem lustigen luxemburgischen Winzerpräsidenten? Wie klingt die Mosel weiter flussabwärts?

In Vorfreude auf gute Nachrichten von der Mosel

Ihr Jan Hermann

PS Vielen Dank für Ihre Wünsche für die Spaziergänge mit Elfie, die für sie aber beschwerlicher sind als für mich – sie trägt mich. Jeder hat seine Rechte und Pflichten. Sie ist meine Haflingerstute. Ich bezahle ihren Stall und ihr Futter.

Sehr geehrter Herr Hermann,

die Ferienzeit ist hektisch. Dann reisen hier Familien an und ab und wieder neue an und ab. Dann gibt es hier so viel Trubel und Leben, aufgeschlagene Knie, kleine Tränen und gottlob mehr Kinderlachen, leider oft gestresste Mütter und genervte Väter und wenn es dann auch noch regnet, ausnahmsweise schlecht gelaunte Feriengäste ...

Und meine Pflicht ist es ja, sie ALLE bei Laune zu halten, zu lächeln, Mitgefühl zu zeigen, auch, wenn mir nicht danach ist, Ruhe zu verbreiten, auch, wenn in mir ein Vulkan kocht.

Später, ab Mitte September werden wieder die Genussreisenden hierher kommen, im Oktober die Weinfreaks und im November die Melancholiker und Musiker. Dann werde ich mich etwas erholen und vielleicht Zeit für einen Besuch im Beethovenhaus haben. Das wäre wirklich wunderbar. Und sicher schon früher werde ich Ihnen „meine" Melodien der Mosel flussabwärts von Schengen aufschreiben.

Heute Morgen kam Onkel Theo zerknirscht vorbei. Sein Auto fährt wieder. In der Werkstatt hätten Sie gesagt, er soll sich allmählich nach einem anderen Auto umschauen. Da stand er – ein Berg von einem

Mann – der ein bisschen wie Mario Adorf oder John Wayne aussieht, jedenfalls verwegen nach Abenteuer ... Er hielt seinen Strohhut verlegen in seinen Händen – wie ein kleiner Junge, der was ausgefressen hat. Er muss morgen nach Hamburg zu einer Weinpräsentation ins Museum für Kunst und Gewerbe. Seine Mitfahrgelegenheit hat sich den Fuß gebrochen – ein Junggeselle wie er. Auch dessen Wein muss er mit hinnehmen und dort vorstellen, zum Versenden ist es jetzt zu spät und mit dem Zug fährt er ohnehin nicht gerne. Er hasst Bahnhöfe. Vielleicht, weil Moselaner gewohnt sind, sich an immer neue Anforderungen anzupassen, den Weg immer wieder dem Gelände anzupassen, weil es im Weinberg und im Keller auch nicht den EINEN richtigen Weg gibt. Sitzt man im Zug Trier-Hamburg, ist es schwer, sich nach München umzuorientieren, starre Gleise scheinen sie nervös zu machen.

Und so werde ich morgen früh um vier hier losfahren ... und übermorgen zurück und hoffen, dass Anna und Gritt hier alles in den Griff bekommen. Ende der Woche schreibe ich Ihnen dann was von Jean Bayer, dem Winzerpräsidenten, den ich sicher in Hamburg treffen werde.

Haben Sie eine gute Zeit und gute Träume!

Ihre Ophelia Lay

♥

Sommerath/Mosel, 3. September 2005

Sehr geehrter Herr Hermann,

was für eine Woche. In Hamburg war es rappelvoll, die Stimmung unter den „Unabhängigen Winzern der Mosel ohne Grenzen" wirklich gut; sie ließ mich fast vergessen, dass ich so übernächtigt war. Viele Gäste und auch Journalisten waren dort, die Rechnung der Unabhängigen war also aufgegangen: München, Berlin und nun noch Hamburg – überall Andrang.

Es war die erste Präsentation, zu der ich Onkel Theo begleitet habe. Wie seltsam es ist, wildfremden Menschen Wein einzugießen. Ob man manche einmal kennenlernen wird, ob sie treue Kunden und meinem Onkel die Bude einrennen werden? Wann kennt man einen Menschen? Manche scheinen einem seltsam vertraut, legen den Blick auf einen, lassen ihn ruhen. Kennt man den Winzer, wenn man den Wein kennt? Kann man einen Wein objektiv verkosten, ohne den Winzer zu kennen?

Man schmeckt den Schiefer im Wein und man schmeckt den Winzer – glaube ich –, aber ist man deswegen mit dem Winzer vertraut? Was denken Sie als Landwirt darüber? Schmeckt man den Landwirt im Brot? Glauben Ihre Kunden, Sie zu kennen, nur, weil sie Ihre Kartoffeln gegessen haben? Beim Wein ist es fast wie bei einem Buch – wenn man es gelesen hat, glaubt man den Autor zu kennen –, von Schauspielern reden manche Leute so, als handele es sich um einen Nachbarn oder sogar Freund. Kennen die Leser Ihrer Zeitung Sie?

Je anonymer wir werden, desto mehr scheinen sich die Menschen nach Vertrautem zu sehnen. Gestern habe ich von der Inderin Amma gelesen – sie soll schon mehr als zwanzig Millionen Menschen umarmt haben. Und die Menschen reisen weit, um von ihr umarmt zu werden. Von einer wildfremden Frau!

Und ich glaube, diese Sehnsucht nach dem Echten, Tiefen, über Jahrtausende Anvertrauten lässt die Menschen auch den Moselwein lieben und vielleicht auch wegen des Idealismus, mit dem die Winzer ihn erzeugen. Denn da ist dieser Spirit in jeder Flasche der „jungen" Winzer, die Moselwinzer wurden, als alle auf die boomende neue Weinwelt schielten und es völlig out war, Moselwinzer zu sein. Diese jungen Frauen und Männer wurden nicht um des Geldes willen Winzer, sondern weil sie um die stilprägende Einzigartigkeit des Moselweines wussten ...

Hier eine der Geschichten von Jean Bayer. Als die Winzer der Mosel anfingen, sich international zusammenzuschließen, zog er über die Dörfer zwischen Mündung und Nancy. Er lachte sein feines Lachen und sagte: „Wir Luxemburger haben beim Projekt der Unabhängigen eine besondere Rolle: Wir dolmetschen und machen uns die Sprachbarriere zwischen Deutschen und Franzosen zunutze: wir übersetzen immer das, was der andere hören will und beschleunigen so ein bisschen das Zusammenraufen, so, dass beide Seiten lächeln."

Und er erzählte mit strahlenden Augen: „Wir sind klein und fein und ungeheuer eitel – französische Moselwinzer und luxemburgische Moselwinzer und deutsche Moselwinzer." Aber es geht nicht nur um Landesgrenzen.

... Man hatte in all den Jahrhunderten gelernt, dass das Einzige, auf das man sich verlassen konnte, die Familie und der an den eigenen Reben gewachsene Wein waren. Kriege, Glaubenswechsel, Inflationen, politische Wirren – das Einzige was blieb, war der Ertrag der eigenen Reben, denn der wuchs, wenn man sie hegte und pflegte, immer wieder nach und so hatten nur die als Winzer, als freie Weinbauern, überlebt, die über Generationen hinweg zutiefst mit ihren Reben verbunden waren. Und den von ihnen selbst erzeugten Wein von ihren eigenen Reben aus ihrem eigenen Keller für den besten der Welt hielten und ihn wie ihre Frau verteidigten und Geheimnisse in Keller und Weinberg hüteten.

Jean Bayer formuliert es so: „Wenn nun ein Winzer den Wein eines anderen wertschätzt, dies öffentlich bekundet, ist es wie Verrat. Wenn gar seine Frau beispielsweise den Wein des Nachbarn lobt, öffentlich, dann ist es für den Winzer, als würde sie am Sonntagmorgen nach dem Hochamt, wenn alle aus der Kirche strömen, eben jenen Winzer innig küssen – in der guten Stube, zur Kirche hin, bei offenem Fenster."

Der Luxemburger Jean Bayer sagt, die Franzosen hätten den Begriff der „Dichter und Denker" geprägt. Die Moselweine mit ihren acht, zehn, wenns hoch kommt zwölf Volumenprozent Alkohol erlauben noch zu dichten und zu denken und andere Dinge zu tun, deren Ergebnisse sich zuweilen erst Monate danach zeigen ...

Aber zuvor, ehe ich mich jetzt zur Ruhe lege und vom Winter träume, um meine Gäste endlich wieder ausgeschlafen zu begrüßen, schicke ich Ihnen das:

Dort, wo sich die Mosel dem Rhein hingibt, in ihm verliert und dann von ihm zum Ozean geströmt wird, klingt es für mich nach „O Salutaris". Das Stück stammt aus der „Messe des Pêcheurs de Villerville". Gabriel Fauré hat sie zusammen mit seinem ehemaligen Schüler André Messager komponiert ... was für eine Melodie ... Am 4. September 1881 wurde sie zum ersten Mal in Villerville gesungen – gemeinnützig zugunsten der Fischer! Villerville hat heute nur ein paar hundert Einwohner, liegt im Departement Calvados in der Normandie, ein paar Kilometer vom mondänen Deauville entfernt, in dem 1911 ein Casino errichtet wurde, wo Josephine Baker, Gustave Flaubert, Coco Chanel, Camille Saint Saëns u. a. auf der mondänen Promenade am Strand flanierten. Sicher gab es dort erlesene Restaurants und Hotels, die denen in Paris, London und Kairo nicht nachstehen wollten. Ob man dort auch Moselwein trank?

Ob dort Moleküle des Moselwassers vorbeifließen, das ein paar hundert Kilometer östlich mit dem Rhein ins Meer fließt? ... Dann steigt das Wasser auf, regnet sich vielleicht in den Vogesen wieder ab und fließt wieder die Mosel hinab in den Rhein, und wieder ein paar hundert Kilometer östlich von Villerville ins Meer – alles fließt. „O Salutaris" – meine Lieblingsaufnahme wird von einem Trierer Chor gesungen. Vielleicht finden Sie sie auf YouTube?

Mit besten Wünschen für gute Tage und schöne Träume

Ihre Ophelia Lay

Kapitel II
Briefe auf Papier

Liebe Ophelia Lay,

wie geht es Ihnen? Sind Sie gut durch den Winter gekommen? Können Sie sich noch an mich erinnern? Vor einem Jahr hatte ich Ihnen geschrieben. Auf der Suche nach einer Flasche 59er. Haben Sie sich von dem turbulenten Sommer erholt? Haben die Musiker als Wintergäste bei Ihnen musiziert?

Ihre Musik hat mich aus der Bahn geworfen und letztlich gerettet. Fauré und Vivaldi haben mich gefangen und entführt.

Dieser Vivaldi passt wunderbar zu den Osterseen. Kürzlich habe ich in einem Film gehört, Musik sei eine Hure. Sie passt in barocke Dorfkirchen, städtische Paläste und auch hier in die „freie Wildbahn".

Ich atme den Geruch der Winterweiden, sehe die Sonnenstrahlen durchs Schilf jagen. Wenn mir beim „L`inverno", dem „Allegro non molto", das Herz grundlos vor Freude rast, dann reite ich mit meiner Elfie nicht mehr über gefrorenen Boden – er ist mir Wolken oder vielleicht sogar heißer Wüstensand, der, den ihre Ahnen unter ihren Hufen zurückgelassen haben, der ihnen Weg war und Ziel.

Die Musik läuft mir durch die Ohren ins Herz und meine Elfie hört mit, nimmt den Rhythmus mit den Hufen auf und trägt uns davon, rast, macht sich lang, endlos lang, wir werden schwerelos, verlieren Zeit und Raum, sie verlieren uns – und hatten uns nie mehr. Ein Moment, für den sich ein ganzes Leben voller Leiden lohnen würde.

Danke, Ophelia!

Mit besten Wünschen für Sie

Ihr Jan Hermann

Guten Tag, Herr Hermann,

Sie erstaunen mich. Was ist geschehen? Selbst wenn ich wollte, könnte ich Ihnen nicht folgen! Ich dachte, Sie seien in Münster. Ich habe im Sommer tatsächlich gedacht, Ihnen sei etwas zugestoßen. Und es scheint so zu sein.

Schöne Grüße von meinem Onkel soll ich Ihnen ausrichten, hätte ich schon im November ausrichten sollen – Danke für die Gebete für den 2005er. Er verspricht wunderbar zu werden. Weil ich nichts mehr von Ihnen gehört habe, schwieg ich auch. Ja, gute Musik nährt unsere Seele, flutet das Grau von ihr, bringt sie zur Ruhe, spannt einen Schutz. Und ein Kirchgang lindert vielleicht auch bei einem „Leben voller Leiden".

Mit besten Wünschen für ein leichtes, gesundes Herz im Alpenvorland, dass der Frühling bald über die Alpen kommt

Ihre Ophelia Lay

❤

Iffeldorf, 12. Februar 2006

Liebe Ophelia Lay,
vielen Dank für Ihren Brief!

Der Frühling lässt hier noch auf sich warten. Vielleicht kommt er die Rhone hoch eher zu Ihnen als zu mir?

In meinem kleinen Kosmos haben sich die Ereignisse überschlagen. Ich wüsste so gerne, wie es bei Ihnen an der Mosel gewesen ist: Wie war der Flug über die Dächer von Metz? Hatten Sie gutes Wetter, eine mirabellengleiche Sonne, hatten Sie große Angst? Wie war der Herbst? Waren Sie in der Lese? Und kamen dann nach den Weingenießern, nach der Lese, die Musiker zu Ihnen? Was haben sie gespielt? Haben sie des Nachts vor Ihrem Fenster gespielt?

Das alles habe ich mich oft gefragt. Wenn die Dinge in die Ferne rücken, im Nebel versinken, verschwimmen die Bilder, schieben sich voreinander. Vor ein paar Nächten habe ich von Ihnen geträumt: von Rapunzel, einem Heißluftballon, einer Fee, von Romeo und Julia, Sie mittendrin ... Jetzt habe ich von Ihnen geträumt. Haben Sie etwas davon mitbekommen?

Ich hoffe, Sie sind nicht sauer, dass ich mich so lange nicht gemeldet habe.

Mit herzlichen Grüßen und besten Wünschen für einen frühen Frühling an der Mosel

Ihr Jan Hermann

Nein, Herr Hermann,

nein, sauer war ich nicht. Es war eher ein besorgter, flüchtiger, kaum wahrnehmbarer Gedanke. Hier war irrsinnig viel los, ich habe eher nebenbei beobachtet, dass Sie sich nicht mehr melden. Ich hatte Ihnen eine Mail gesendet und keine Antwort bekommen. Und dann schwieg ich auch.

Ich war nur für einen Tag in der Lese und anstatt das Mirabellenfest zu besuchen, war ich mit dem Mirabellenbauernsohn nachts in einer Bäckerei und Pâtisserie bei Metz. Es war köstlich.

Wie war Ihr Herbst? Ist Ihnen Ihre Elfie nach Bayern ausgebüxt?

Was für ein schönes Papier, auf dem Sie da schreiben!

Mit herzlichen Grüßen aus dem winterkalten Moseltal

Ihre Ophelia Lay

♥

Liebe Ophelia Lay,

vielen Dank für Ihren Brief! Seit Oktober arbeite ich bei einer bayerischen Bauernzeitung. Meine Elfie ist nicht ausgebüxt. Ich habe sie mit einem Pferdeanhänger hierher gefahren, zusammen mit meinem Bruder. Und wäre lieber geritten. Aber dafür hat die Zeit nicht gereicht. Es war schon später im Jahr, als sich in meinem Leben die Ereignisse etwas überschlagen haben. Es gab Turbulenzen in der Redaktion.

Kennen Sie Bayern? Können Sie mir Reisetipps geben?

Mit herzlichen Grüßen

aus dem winterlichen Bayern

Ihr Jan

PS Es freut mich, wenn das Papier Ihnen Freude bereitet. Ich habe es neulich zufällig entdeckt. Nach einem Interview in der Tierärztlichen Fakultät hatte ich einige Stunden frei und wollte die Stadt erkunden, einen Friedhof und die Pinakothek der Moderne. Und plötzlich stand ich vor einem Papierladen, wie ich ihn noch nie zuvor gesehen hatte. Was für ein Schaufenster: gefaltete Papiervögel (ich musste an Tagvögel und Nachtvögel denken) und Dessous aus Papier auf einem alten Stuhl.

Als ein Japaner beseelt lächelnd aus dem Laden trat und fremdartiger Duft mit ihm herauswehte, bin ich hineingegangen. Voller Neugier. Ich war so verwirrt von den Gerüchen, dass ich einfach nur staunend in dem Laden stand. Die freundliche Dame fragte wohl mehrmals „Ja, bitte?" und lachte ein leises Lachen und ihre Stimme klang vertraut. „Wonach riecht es hier?", fragte ich sie unmittelbar ohne jede Begrüßung. Nachsichtig, wie einem Kind, erklärte sie mir: „Ein wenig nach Zedernholz von den Bleistiften und etwas nach Siebdruckfarbe von den japanischen Originaldrucken." Beinahe hätte ich gesagt, dass ich ein Bauer vom Rhein bin, neu in der Stadt und so etwas noch nie gesehen habe. Stattdessen habe ich ein paar Bogen Papier mit passenden Kuverts gekauft. Sie sprach von Rivoli, Zerkall und tschechischem Büttenblatt und ich wertete das Papier als Zeichen, Ihnen endlich zu schreiben.

Ihr Jan Hermann

Sommerath/Mosel, 1. März 2006

Sehr geehrter Herr Hermann,
erneut brachte mir mein Nachbar einen Brief von Ihnen.
Sie ändern mitsamt Ihrer Elfie den Wohnort und den Arbeitsplatz? Oneway-Ticket? Und sie gehen sich Friedhöfe anschauen und beginnen auf Papier zu schreiben. Genügen Turbulenzen in der Redaktion einer Bauernzeitung, um einen rheinischen „Wahl-Münsteraner" samt Pferd nach Bayern zu treiben?
Ich grüße Sie und Ihre Elfie herzlichst und neugierig
Ihre Ophelia Lay

PS Dass der Japaner beseelt lächelte, kann ich verstehen. Briefe können seelsorgend sein, obwohl die Pfarrer doch eigentlich dafür bezahlt werden, dass sie sich um unsere Seele sorgen. Vielleicht müssten sie um Papier wissen, auf dem man beseelt seelsorgende Briefe schreiben kann.

Liebe Ophelia Lay,

der Tag, an dem sich mein Leben komplett änderte, liegt ein halbes Jahr zurück. Und fast schäme ich mich, davon zu schreiben. Aber da muss ich durch. Denn jetzt muss ich zugeben, dass ich ein Voyeur bin. Ich habe Sie gesehen, unbeabsichtigt anonym. In Ihrer letzten Mail schrieben Sie, dass Sie sich beobachtet fühlten. Ich habe Sie beobachtet.

In unserer Redaktion war am 25. August gefragt worden, wer freitags nach Hamburg zu einer wirklich unwichtigen Pressekonferenz im CongressCentrum fahren könne. Keiner wollte. Der Chefredakteur murrte und begab sich in Urlaub.

Spätabends mailten Sie, Sie würden Ihren Onkel anderntags samt seinen Weinen ins Hamburger Museum für Kunst und Gewerbe chauffieren müssen, zu einer Weinpräsentation der „Unabhängigen Moselwinzer ohne Grenzen".

Ohne Dienstreiseantrag stieg ich freitags kurz vor sieben in Münster in den Zug. Und ich glaube, ich habe darüber nachgedacht, ob Sie schon weit entfernt von der Mosel waren, eine gute Fahrt haben. Zwei Stunden braucht der Zug von Münster nach Hamburg, in eine andere Welt.

Ich hatte gehofft, dass das sommerwarme Wetter der vorausgegangenen Tage anhalten und ich abends noch eine Runde würde reiten können, trug Hemd, Jeans und Stiefel. Unter den „Unabhängigen Moselwinzern ohne Grenzen" hatte ich mir wohl eine ähnliche Truppe wie die „Milchrevolutionäre" vorgestellt, die auch alle so rumlaufen.

Unser Kennenlernen hatte ich mir immer geheimnisumweht und verwegen wie in einem Musketierfilm ausgemalt. Nach der bescheidenen Pressekonferenz ging ich ins Café Paris, das Sie mir einmal empfohlen hatten, hatte aber kaum Zeit, mich in dieser fremdartig schönen Welt umzuschauen, arbeitete am Laptop, schrieb übernächtigt einen Bericht fertig und verfasste – verärgert – einen Kommentar. Als ich merkte, dass die Weinpräsentation schon begonnen hatte, sandte ich den Bericht und den Kommentar los und hechtete zum Museum. Menschengewimmel am Eingang, um die Weinstände scharten sich Anzugträger. Ich las gleich am Anfang das Schild Ihres Onkels: „Theo Benz-Nicolay". Ich ging hin und sagte zu einem älteren Herrn: „Einen Riesling, bitte". Gerade als zwei in ein Gespräch vertiefte Damen aufschauten, kam eine beflissene Museumsdame auf mich zu, um mich nach meiner Eintrittskarte zu fragen. Ich ging mit ihr zurück zum Eingang, entrichtete brav meinen Obolus und bekam ein Glas ausgehändigt. Als ich mit meinem Glas wieder bei Ihnen am Stand auftauchte, kam der ältere Herr erneut freundlich auf mich zu, schaute mich an und rief dann Ihren Namen: Ophelia.

Die beiden Damen ließen sich nicht aus der Ruhe bringen, wechselten weiter lächelnd Worte. Plötzlich schauten Sie mich an. Ein missbilligender Blick fiel auf meine Westernsteifel. Es tut mir heute noch leid, dass ich den Dresscode Ihrer Weinwelt gestört und Ihren kritischen Blick auf mich gezogen habe. Stolz, Herablassung und leise Verletzlichkeit lagen darin, die ich in Ihren Briefen gar nicht bemerkt hatte. Sie trugen eine Perlenkette. Vermutlich die, von der Sie mir einmal geschrieben hatten, dass sie von Ihrer Großmutter an Ihre Mutter weitergegeben wurde und später dann an Sie.

Doch plötzlich lächelten Sie. Sie kamen auf mich zu. Sie redeten mit dem älteren Herrn. Sie standen vor mir. Sie fragten sanft: „Was möchten Sie probieren?" Sie waren sehr fremd. Ihre Mails waren vertraut. Zwei Ophelias. Ich wünschte mich in die Redaktion, an meinen Computer mit der vertrauten Ophelia zurück, die nicht beunruhigend hübsch war, stammelte: „Einen Edelsüßen", erinnerte mich daran, dass ich lustig „Ein Zeichen, ein Wort, ein Blick" hatte spielen wollen: die imaginäre Taschenuhr aus der Hose ziehen, Mosel-Riesling sagen und dann auf die Uhr schauen; und besann mich, erst mal einen Schluck zu nehmen – eine Frage der Höflichkeit. Ich nahm ihn. Was für ein Geschmack! Eine Fruchtbombe, unbändig wie eine Jährlingsstute. Das traute ich mich nicht zu sagen.

Während ich nach Worten suchte, schrillte mein Handy; zu laut für diesen Raum, inmitten der andächtig moselgoutierenden Anzugträger und Damen in Kostümchen. Statt das Gespräch wegzudrücken, nahm ich es versehentlich an, sah dabei meine staubigen Stiefel zwischen den Glanzlederschuhen und hörte meine damalige stets leise Freundin aufschluchzen – viel zu laut. Ich stellte mein Glas zwischen die Flaschen in den Kühlern an Ihrem Stand und polterte zum Ausgang.

Vera saß seit drei Stunden bei meiner Elfie im Stall und wartete auf mich. Sie, die unter einer entsetzlichen Pferdehaarallergie litt – meine Reit- und Stallklamotten wohnten auf dem Balkon und ich musste nach dem Reiten immer sofort duschen, um keinen Asthmaanfall bei ihr zu riskieren. Ich schämte mich, fühlte mich wie ein ertapptes Kind und rannte zum Zug, erwischte gerade noch den 14.46 Uhr, überrannte fast eine ältere Dame am Bahnsteig, die schwer an ihrem Koffer zog und mir empört hinterherrief: „Ja, fahren Sie ruhig schon mal vor."

Auf der Zugfahrt hatte ich Zeit, das Szenario zu durchleiden, suhlte mich in Scham wegen Ihnen und Vera und ahnte nicht, dass es nur die Vorhut der Lawine war. Mein Handy schellte mehrmals: die Redaktion. Ich drückte sie genervt weg. Eine Kollegin, jene Neue, die sich ein paar Tage zuvor schon bei meiner „Viertelsekretärin" erkundigt hatte, ob ich Drogen nähme. Meine Pupillen seien in letzter Zeit manchmal so groß und ich sei oft abwesend – klares Zeichen für Übernächtigung (von YouTube-Barock-Orgien-bis-morgens-um-vier hat sie keine Ahnung) oder, wie sie ebenfalls gegenüber meiner treuen Sekretärin mutmaßte, von Medikamenten.

Vera hatte sich monatelang von einer Heilpraktikerin desensibilisieren lassen. Ich hatte nichts gemerkt. Als sie Sonntagmorgen beim Frühstück vorgeschlagen hatte, dass wir uns Freitag im Pferdestall treffen könnten, hatte ich wohl übernächtigt und zeitungslesend „Klar, gerne" geantwortet, „ich nehm mir nachmittags frei", ohne mir frei zu nehmen, ohne mich zu wundern, dass die Allergikerin in den Stall ging, ohne daran zu denken, dass wir an diesem Tag seit acht Jahren zusammen waren. Es dämmerte mir auf der Zugfahrt, während ich ins Auto sprang und zum Stall raste: 17 Uhr. Von Hamburg bis zum Pferdestall drei Stunden, rekordverdächtig. Wenigstens etwas. Ich komme oft zu spät.

Aber als ich dort ankam, saß da eine ausgewechselte Vera. Thilo, der Haflingerwallach meiner Schwester, stand in der Box neben meiner Elfie. Vera hatte ihn gekauft – hinter meinem Rücken von meiner Schwester, die kürzlich nach dem Tiermedizin-Studium nach Los Angeles gezogen war – kein guter Ort für einen Haflingerwallach. Er ist ruhig geworden. Als junges Pferd hatte er wiehernd jede Gelegenheit begrüßt, um durchzugehen. Ich hatte Vera beiläufig von Thilo erzählt, ohne zu ahnen, dass sie folgenschwere Schlüsse daraus ziehen würde. Mein Bruder hatte ihn hergebracht. Ohne ein Wort.

Thilo ist ein wunderbarer Haflingerwallach: großrahmig, leichtfüßig und er hat diesen Blick, der Frauen kirre macht.

Und da stand Thilo, ein Stück Heimat. Wie hatte meine Schwester ihn nur verkaufen können und mein Bruder ihn hinter meinem Rücken hierherbringen? Kann man ein Pferd besitzen? Kann man einen Menschen besitzen? Ich verstand all das nicht. Mir war schlecht.

In Thilos Box saß Vera, die Beamtentochter aus Köln, die seit acht Jahren, seit Studenten-WG-Zeiten, Küche und alles andere mit mir teilte. Neben ihr saß ausgerechnet der „Karpfen", der seit ein paar Wochen auch ein Pferd hatte, ein unliebsamer Studienkollege von Vera und mir (en fiese Mipp, der bei einer Versicherung arbeitet und für sie Land aufkauft). Warum musste ausgerechnet er sein Pferd in diesen Offenstall bringen? Er passte mit seinem fetten, hochglänzenden SUV gar nicht hierher ... Vertraut wirkte sie mit ihm. Sie grüßten mich kaum, als ich ankam. Geschenk hatte ich keines. Obwohl sie an dem Tag auch noch Geburtstag hatte. Sie wurde einunddreißig. Auch das hatte ich vergessen. Der Karpfen offenbar nicht.

Ich sattelte meine Elfie und ritt wie ein kleiner, beleidigter Junge davon. Ich konnte Vera nicht fragen, ob sie mit ins Gelände wollte. Thilo ist kein Anfängerpferd. Sie würde viele Reitstunden brauchen, ehe sie gefahrlos auf ihm würde reiten können. Vom Gelände ganz zu schweigen. Als ich zurückkam, lag der Arm des Karpfens auf Veras Arm. Sie waren vertieft in unwichtige Gespräche, bemerkten nicht einmal, als ich „tschö" sagte. Vera kam erst am nächsten Morgen in unsere Wohnung, duschte kurz und verschwand grußlos, obwohl Samstag war, kam Sonntagabend zurück und packte wortlos ein paar

Klamotten in ihren Designer-Shopping-Bag und ihre Designer-Aktentasche.

Für montags hatte ich Urlaub beantragt, um meinem Bruder zu helfen, habe gesät, das Handy in der Wohnung vergessen. Als ich dienstags in die Redaktion kam, waren auch alle sehr schweigsam. Der Chefredakteur war aus dem Kurzurlaub zurück und bat mich in sein Büro. Meine schon etwas betagte Viertelsekretärin starrte grußlos, traurig und müde auf ihren wie immer picobello aufgeräumten Schreibtisch. Auf dem sonst leeren Tisch des Chefredakteurs lag die Kommentarseite aufgeschlagen. Ein Schwerpunktheft Melktechnik. „Das war keine gute Idee, Hermann! Warum haben Sie die Anrufe der Redaktion wegen einer Korrektur des Kommentares immer weggedrückt, als ich in Urlaub war? Mit diesem Kommentar haben Sie Ihre Kompetenzen weit überschritten. Warum waren Sie nicht erreichbar? Das ist doch sonst nicht Ihre Art! Nicht mal, wenn Sie auf dem Pferd im Gelände unterwegs sind. Manchmal diktieren Sie Ihrer armen Sekretärin Artikeländerungen im vollen Galopp. Hier lachen dann alle, weil sie so schreien muss, um von Ihnen verstanden zu werden. Sie sind doch sonst immer erreichbar! Sie haben zudem am Freitag, wieder einmal, vergessen einen Dienstreiseantrag zu stellen. Wollen die in Bayern Sie noch unbedingt als Redakteur abwerben? Der Chefredakteur hat mich schon ein paarmal angehauen, wenn er mir begegnet ist, meinte, wir hätten hier doch jede Menge Landtechnikredakteure und Praktikanten. Wenn die Sie noch wollen und Ihre Freundin mitgeht, dann sollten Sie gehen. Wenn Sie lieber Arbeitslosengeld wollen, würde ich Ihnen offiziell eine Kündigung schreiben, wegen wiederholten Zuspätkommens und ungenehmigter Dienstreisen. Ich habe schon mit unseren Juristen gesprochen. Rufen Sie direkt in Bayern an?"

Ich rief in Bayern an. Kleinlaut. Der Landtechnikredakteur freute sich, als er meine Stimme hörte. Er und der Chefredakteur hatten den Kommentar schon gelesen: „Sie gefallen uns immer besser!" Und er lachte: „Wann fangen's an? Mei, wie sich mei Traudel freuen wird, dass I endlich in Rente geh, dass wir jötz all die Reisen machen werden, die ich ihr vierzig Jahre lang versprochen hab. Und wissen's was?

Ich freu mich auch! Irgendwann wird's fad mit der Technik. Ich hab so viel neueste Technik zu Altmetall werden sehn. Geht's den Bauern heute besser als vor vierzig Jahren? Den paar, die noch übrig sind ... Es reicht.

Was wirklich zählt, ist die Familie. Und ich mag meine Traudel nicht mehr hinhalten. Wer weiß, wie lange wir noch können – die Traudel is dreiundsechzig. Wir werden Ihnen von überall eine Karte senden. Ich geh gleich zum Chefredakteur. Wann fangen's an? Wo wollen's wohnen? Bringen Sie Freundin und Pferd mit? Nur ein Pferd? Dann ziehen's nach Iffeldorf. Da is Platz fürs Pferd und zum Reiten und wohnen können's da prima, fragen's den Pferdebauern Müller, und mit der Bahn sind's in einer Stunde in der Redaktion. Zwei Stunden Ruhe am Tag um zu schreiben, die produktivsten am Tag. Wann können's hier sein?" Mein Ohr qualmte. Mein Kopf auch. Mein Herz war weg, zumindest spürte ich es nicht mehr.

Thilo wieherte, als mein Bruder in den Stall kam. Und er wieherte, als meine Elfie aus dem Stall ging und lammfromm auf den Hänger. Normalerweise zickt sie rum. Wir fuhren den langen Weg nach Iffeldorf. Am Wochenende nahm ich meine Möbel aus der Wohnung, brachte sie zu meinen Eltern nachhause. Viel war das nicht, Studentisches.

Der Karpfen saß in der Küche auf meinem Platz und „aß von meinem Tellerchen". Er hätte wenigstens warten können, bis alles von mir weg war. Am liebsten hätte ich ihm den Teller mit dem dick belegten Lachsbrot mitten ins Gesicht gedrückt. Champagner stand auf dem Tisch. Der, auf dem in unsichtbaren, fetten Lettern „besonders teuer" draufsteht. Und all das am Samstagmorgen, wenn die Bauern, denen er für die Versicherung das Land unterm Hintern wegkauft, hart arbeiten, ihre Kühe melken, wie an allen anderen 364 Tagen im Jahr. Stattdessen sagte ich: „Lass es dir von meinem Teller ruhig schmecken." Er hatte gerade den Mund zu voll, um zu antworten. Vera weinte noch nicht einmal in dem Moment, als ich über die Schwelle ging. Sie wischte mit ihren schrillbunten Staubwedel den Staub weg, der sich unter meiner Lampe im Flur gesammelt hatte. Wenigstens da hätte sie sagen können, dass der Karpfen nur ein

Übergangsmann sei, sie sein Gefasel von „mein Haus, mein Pferd, mein Bausparvertrag" oder so ähnlich schon jetzt entsetzlich nerve. Nichts passierte. Sie blieb bei ihm. Sie muss gelitten haben, all die Jahre, weil ich nie geplant habe. Ich hatte kein Ziel mit ihr und darum keinen Plan.

In Iffeldorf bin ich erst einmal in eine möblierte Wohnung nah beim Pferdebauern Müller gezogen, damit ich bei Elfie sein kann. Am ersten Januar war meine Probezeit zuende. Und seit Januar wohne ich direkt beim Pferdebauern in einer größeren Wohnung. Ich wache jetzt morgens auf, ohne, dass es wehtut. Jetzt, nachdem ich in Andalusien war, in der Alhambra und der Kathedrale von Granada. Stellen Sie sich das vor: in Spanien haben tatsächlich schon die Mandeln geblüht.

Danke, dass Sie so geduldig gelesen haben. Danke, dass Sie auf meinen Brief geantwortet haben, obwohl ich mich wirklich daneben benommen habe! Ich bitte um Entschuldigung und wüsste so gerne, wie es mit Ihnen weitergegangen ist. Und wie es weitergeht!

Mit herzlichen Grüßen aus dem Voralpenland

Ihr Jan!

💚

Sommerath/Mosel, 7. März 2006

Lieber Jan,

es ist kalt. Die Lorbeerbüsche vor meiner Haustür kauern frierend in der Ecke. Von Frühling weit und breit keine Spur. Und dann brachte mir mein Nachbar German Ihren schönen Brief und die zauberhafte CD von Einaudi. Ich fühle mich reich beschenkt!

Wissen Sie, wie gerne ich Briefe auf Papier mag? Manche Papiere sind besonders sinnlich. Gestern habe ich in einer dekadenten Frauenzeitschrift gelesen, Autogrammkarten von Stars seien so begehrt, weil ihnen noch etwas von der Aura der Stars anhafte, so was wie Nahrung für eine besondere Empfindungsebene der Fans. Und weil Kinderseelen und kindliche Gemüter besonders sensibel seien, sammelten sie sie besonders gerne ...

Lag wirklich Herablassung in meinem Blick? Dann tut es mir sehr leid! Vermutlich zeigen viele Menschen ihre Verletzlichkeit nicht. Außer Ihnen war in Hamburg wohl auch niemand aufgefallen, dass ich dort ordentlich was abgekriegt hatte. Theo hat mich allerdings auf der Heimfahrt Samstagnacht ein paarmal gefragt: „Ophelia, kannst du noch?", und es klang so, als meine er mehr als nur die Autofahrt. Seit ich die Flasche 59er bei ihm besorgt habe, sind unsere Familien wieder zusammengewachsen. Es hatte wohl vor einem Vierteljahrhundert einen Streit gegeben ... Ich wusste nichts davon, war unbedarft auf ihn zugegangen. Manchmal ist Vergesslichkeit gut ...

Danke für Ihren Brief auf so schönem Papier, für Ihre Worte darauf! Es freut mich sehr, dass es Ihnen jetzt gut geht!

In Vorfreude auf den Frühling
Ophelia Lay

Iffeldorf, 9. März 2006

Liebe Ophelia,

vielen Dank für Ihren Brief. Wissen Sie, wie sehr ich mich darüber freue?

Erzählen Sie mir, wie es bei Ihnen weitergegangen ist?

Fragt, in Vorfreude auf den Frühling,

mit besten Wünschen für Sie und die Mandelbäume an der Mosel

Ihr Jan

PS Ende Februar war ich beruflich in Rom, konnte einen Kurzbesuch in den vatikanischen Museen einschieben, und habe mich fast erschrocken: dort gibt es Bilder und sogar eine Art Video (das Einzige, das ich dort gesehen habe) von „Ihrer" Chapelle du Rosaire de Vence von Henri Matisse. Bezaubernd!

Lieber Jan,

am 27. August kam ich spätabends mit Theo zurück von Hamburg. Samstag endete die Präsentation um 20 Uhr, weit nach Mitternacht waren wir zuhause. Das Haus war zum Glück voller Gäste und ich hatte keine Zeit über irgendwas nachzudenken.

Ganz schnell waren alle Eindrücke der Stadt, die doch eigentlich als schöne, feine Stadt gilt, verschwunden.

Ein Mann mit Westernstiefeln ist mir aufgefallen – er passte wirklich nicht so ganz in diese Welt –, aber Herablassung, nein, die lag nicht in meinem Blick. Schon zuvor war er mir aufgefallen – im Café Paris. Ich hatte mich dort mit einer Freundin verabredet – falls wir es schaffen würden, um fünf Uhr loszufahren und um elf in Hamburg zu sein, den Stand bis zwölf aufgebaut hätten, dann wäre Zeit, eine Stunde lang in dem Café zu sitzen, in dem ich so glückliche Stunden erlebt hatte und natürlich auch, um Neues zu erfahren. Freitags ging die Präsentation bis 22 Uhr, samstags begann sie um zwölf und ich hätte ausschlafen können.

Im Café Paris habe ich dann Dinge erfahren, von denen ich jetzt froh bin, dass ich darüber hinweg bin. Vielleicht gruben mir diese Neuigkeiten Verletztheitsfalten auf die Stirn. Und ich war wirklich froh, dass die Weinmesse so gut besucht und unser Stand ständig umlagert war. Ja, ich habe Ihnen Wein eingeschenkt, weil Onkel Theo mir bedeutete, Ihnen Wein einzugießen, obwohl er wusste, dass ich mich gerade mit Madame Jakutsch unterhielt, der Chefredakteurin von „Der Genießer". Inzwischen war sie sogar hier an der Mosel und in der nächsten Woche erscheint das neue Heft – mit der Reportage über die Mosel.

Und ich erinnere mich dunkel, dass ich überrascht war, dass der Mann mit den Westernstiefeln bei der Verkostung auftauchte, der zuvor in dem französischen Café am Laptop gearbeitet hatte – ohne aufzuschauen. Und jetzt nahm er einen Schluck von dem Wein, nahm sein Handy aus der Tasche, stellte sein Glas zwischen die Flaschen in den Kühlern (was eher nicht üblich ist), eilte hinaus und tauchte nicht wieder auf. „Er hat ihm nicht gemundet" (Dem hot en net geschmaackt), raunte Theo, räumte das angetrunkene Glas beschämt weg und Madame Jakutsch von „Der Genießer" ließ sich dann – wohl in Erwartung eines Böcksers – wortlos ein Glas des Weines eingießen. Aber: ihr Gesicht entspannte sich und sie sagte versonnen lächelnd, mit mehrfach nickendem Kopf: „Völlig verrückt, ich liebe Mosel-Riesling und manchmal ist er so wie dieser – perfekt in der Balance von Süße und Säure, Eleganz und Kraft. Sonnig sind diese Weine und wenn alles stimmt, dann sind sie fast wie ein Schock des Glücks. Ganz am Ende mischt sich in diese fruchtige Süßigkeit ein leiser Hauch von Pastis, Reglise, oder ein ferner Hauch von Weihnachtsplätzchen, jenen aus Anis. Weine wie ein Kuss vom lieben Gott, ein vielstimmiges Konzert, eine Symphonie – viel mehr als nur ein Himmel voller Geigen." Endlich wich die Angst aus Theos Gesicht ... Bin gespannt, was die große Jakutsch, die auch in der Hamburger Hotel-Szene geliebt und gefürchtet ist, geschrieben hat.

Mit herzlichen Grüßen von der Mosel ins Voralpenland,
in der Hoffnung, dass der Frühling schnell über die Alpen zu Ihnen kommt
Ihre Ophelia

Iffeldorf, 15. März 2006

Ophelia,
heute vor einem Jahr müssten Sie im Keller Ihres Onkels den Wein entdeckt, für mich geflunkert haben. Ist Theo Ihnen inzwischen auf die Schliche gekommen? Was haben Sie in Hamburg erfahren?
Was haben Sie den ganzen Winter über gemacht?
Fragt herzlich grüßend
Ihr Jan

Lieber Jan,

was für ein schönes Papier! Vielen Dank für die CD von Glenn Gould!
Keiner spielt Bachs Goldberg-Variationen wie er. Ich fühle mich reich
beschenkt! Und diese Aufnahme habe ich noch nicht.

Ich hoffe, es geht Ihnen gut und der Frühling kommt ins Voralpenland? Hat Ihre Elfie Heimweh?

Im Winter war ich unter anderem mit Onkel Theo zu einer Weinpräsentation in Darmstadt. Ganz nett rief er anfangs an, ob ich ihn
chauffieren kann. Inzwischen stimmen wir diese Wochenenden län-
gerfristig ab. Ich liebe diese Ausflüge, die leider oft an den Wochenenden stattfinden. Und weil ich „meine" drei guten Seelen im Winter
nicht arbeitslos melden will und sie das auch nicht wollen, arbeiten
sie abwechselnd am Wochenende. Sie haben keine langen Anfahrts-
zeiten, dadurch ist hier alles etwas flexibler als in einer Stadt. Im
Winter ist das Haus auch nicht immer voll belegt. Aber gottlob voller
als wir kalkuliert hatten.

Theo und ich waren bei vielen Weinpräsentationen bei Fachhänd-
lern. Er sagt, er habe früher nicht mit dem Fachhandel zusammenge-
arbeitet. Vor dreißig Jahren habe eine Familie stolz „ihren" Winzer
gehabt, ausschließlich bei diesem ihren „Jahresbedarf" gedeckt. Sechzig Flaschen pro Familie und Jahr seien keine Seltenheit gewesen.
Dann sei hier ein paar Jahre kaum mehr Moselwein getrunken worden, er habe fast nur exportiert. Seit Journalisten über seine Weine
schreiben, er mit der Vereinigung der „Unabhängigen Moselwinzer
ohne Grenzen" unterwegs ist, kommen Weinfachhändler auf ihn zu
und wollen seine Weine ins Programm nehmen. Es scheint ihm zu
gefallen, dass er viel Wein verkauft, ohne ständig Kunden auf dem
Hof zu haben. Und diese Fachhändler laden mindestens einmal im
Jahr ihre Kunden zur Verkostung und zum Kennenlernen der Winzer
ein. Und da „muss" ich dann mit, weil Theos Fahrradius kleiner wird:
Köln, Frankfurt, München, das ist ihm alles zu laut und schnell und
zu weit weg. Und er redet nicht gerne.

Theo hat in den vergangenen Jahren großzügig Weinberge gekauft. Nicht nur die Nachbarn verspotten ihn. Er hat keine Nachkommen. Aber er sagt, wie ein Kind, das beim Schokoladenaschen ertappt worden ist: „Es gibt jetzt die Weinberge zu kaufen, von denen ich als junger Kerl nur geträumt habe, die ich mir damals nie hätte leisten können. Die Kinder der damals stolzen Winzerfamilien sind Lehrer, Banker, fahren an die unmöglichsten Orte in Urlaub, kaufen sich teure Autos und verkaufen dafür ihre Weinberge", schimpft er. Eher würde er von Kartoffeln und Wasser leben, ehe er einen Quadratmeter Land verkaufen würde. In den Urlaub zu fahren empfindet er als Verschwendung (ich lebe davon).

Er kauft sich jetzt einstige „Filetstückchen", die kaum mehr jemand will, wenn sie nicht mechanisierbar sind. „Und die Weine sind großartig", strahlt Theo. Wenn er zum ersten Mal Trauben in einem neuen Weinberg gelesen hat, würde er täglich an die Fässer schnuppern gehen, riechen, wie sich der Wein entwickelt, ohne das Gärröhrchen herauszunehmen, das Spundloch zu öffnen. Nur einmal in der Woche, am Sonntagmorgen nach dem Hochamt, verkostet er den Jungwein. Und dann ängstigt er sich und wartet wieder eine ganze Woche, wie sich der Wein weiterentwickelt.

Und ich darf immer mit zu den Verkostungen bei den Händlern, lege meinen Hausprospekt aus, genieße die Stadtluft, die schönen Weinläden, die netten Weinhändler, die schönen Orte, an denen wir dann sind, und die spannenden Winzer. Viel verkosten kann ich nicht. Aber oft fragen die anderen Winzer, ob wir eine Flasche tauschen sollen. Onkel Theo stimmt dem immer begeistert zu und dann trinken wir diesen Wein bei unseren Montagabendtreffen.

Olli, sein Fachhändler in Darmstadt, hatte zur Jahrespräsentation eine alte Tanzschule angemietet: Glattes, uraltes Parkett unter uns und über uns eine Stuckdecke, schwindelerregend schön – auch ohne zu tanzen. Irgendwann stand ein bezaubernder Herr bei uns am Stand. Er erzählte mir, wie er das Spannbetttuch erfand (im Ernst, Jan!): Nach einem nächtlichen Abenteuer mit einer schönen Skandinavierin hatte er sich angeblich gewundert, dass das Laken jungfräulich glatt dalag. Also inspizierte er die Haltegurte und entwickelte anschließend das Spannbetttuch, ließ es in seiner Fabrik mit über achthundert Mitarbeitern in Portugal fertigen. Als sich die politischen Verhältnisse in Portugal änderten, verkaufte er seine Fabrik und kaufte stattdessen ein großes Grundstück in Maia bei Porto. In Weinsberg besuchte er die Weinbauschule und gründete ein Weingut. Dort im VinhoVerde-Gebiet wurde er zur Gallionsfigur, spricht bei Kongressen und auch sonst jeden an.

Wir haben ihn und seine Frau im Januar besucht. Theo wollte zuerst nicht mit, ist zum ersten Mal im Leben geflogen. Die Flughäfen Luxemburg und Frankfurt-Hahn verbinden unsere Region vorbildlich mit Portugal ... Drei Tage Portugal, wie schön das war. Mit welchem Stolz Mario uns seine Weinberge zeigte, zum gekachelten Bahnhof in Porto und in die Portweinhäuser chauffierte. „Wir haben die Welt entdeckt und erobert", sagte er immer wieder stolz. Theo sagte: „Wenig Alkohol im Wein und die gemeinsamen römischen Wurzeln einen uns." Die beiden verstanden sich prächtig, besonders während des fünf Stunden dauernden Mittagessens, bei Zicklein und Fischbällchen, leerten fünf Flaschen Wein.

Theo und ich sind am nächsten Tag mit einem Leihwagen zu einem deutschsprechenden Starwinzer aus dem Duorotal gefahren, den Theo irgendwo kennengelernt hatte. Der Winzer war gar nicht da, weilte in Köln, hatte uns aber zuvor via Handy zum Weingut gelotst. Das Navi kannte die Adresse nicht. Sein Kellermeister empfing uns, führte uns durch den mehrstöckig in den Berg gebauten Keller, auf dem oben ein puristisches Schieferhaus stand. Und mittags lud er uns zum Essen ein. Das Weingut hatte eine Köchin samt Serviermädchen engagiert. Da saßen dann die Kellercrew und die Verwaltung, die Export- und die Marketingabteilung des weltweit agierenden Unternehmens und einige der Weinbergarbeiter zusammen. Am feinsäuberlich gedeckten Tisch aßen sie in tiefer Ruhe zusammen ein dreigängiges Mittagessen. Auf der Rückfahrt zum Flughafen sagte Theo, das sei sein Jugendtraum gewesen: alle arbeiten zusammen und sitzen zusammen am Tisch und feiern, dass sie zusammen arbeiten, am Tisch sitzen und Köstliches essen dürfen.

Von Sommerath ist man schnell „in Portugal". Wenn ich als Kind mit meinen Eltern das Wochenende an der Mosel verbrachte und meine Eltern ausschlafen wollten, kam Tante Gerda an sonnigen Sonntagmorgen manchmal lachend ins Haus und rief: „Ophelia, kommst Du mit nach Portugal?" Unter den 540.000 Einwohnern Luxemburgs leben 88.000 Portugiesen. Wie schnell man von hier in „Portugal" ist. Wir fuhren dann mit ihrem dunkelgrünen BMW-Cabriolet über Kordel und Newel nach Ralingen. Wenn wir dort die kleine Brücke über die Sauer überquert, die Zollhäuschen passiert hatten, waren wir in einer anderen Welt: In Rosport roch der Kaffee anders, die Bierreklame an den Gasthäusern lautete nicht mehr „Bitte ein Bit", sondern MOUSEL, so, wie man im Dialekt beidseits des Flusses zum Fluss sagt. Die Häuser waren selten weiß getüncht, sie trugen grauen oder beigen Verputz; manche strahlten herrschaftlich und die wenigen ungepflegten alterten wie edle Antiquitäten. Dann lachte Gerda und sagte: „Hier müsste man wohnen ..."

Sobald wir die Zollhäuschen passiert hatten, riefen wir lauthals: „Ferien!!!"

Dann fragte Gerda streng: „Hast Du was zu beichten?" Wenn ich nickte, ging es rechts ab, Richtung Echternach, wir besuchten eine der Sonntagsmessen in der alten Abtei, am liebsten auf Luxemburgisch: Der Pfarrer sprach dann ehrfürchtig von „Maria, dou heylech Deppen" (Maria, Du heiliges Gefäß) und oft von der „Juffer" (der heiligen Jungfrau). Wir versuchten immer, nicht zu lachen. Im Café ,Chez Claude' gab es dann schnell ein köstliches Törtchen. Es sind vermutlich die besten der Welt (und die lustigsten: die Luxemburger essen Kuchen und Törtchen mit Messer und Gabel). Oder wir bogen links ab nach Wasserbillig, wo die Sauer in die Mosel fließt. Da saßen dann die Portugiesen mit ihren Söhnen am Ufer und angelten. Sprachfetzen und Angelschnüre sausten uns um die Ohren, die Sonne schien auf unsere nackten Beine und Arme. Kleine Jungs mit großen dunkelbraunen Augen schauten auf ihre Angel und manchmal auf mich, Väter mit wettergegerbten Gesichtern strahlten stolz ihre Söhne an und manchmal verstohlen Tante Gerda. Und wenn wir ganz viel Zeit hatten, lachte Gerda später am Tag: „Hast Du etwa schon wieder Hunger?" Dann fuhren wir dreißig Kilometer Richtung Süden, immer an der Mosel entlang, bis nach Remich. Das Städtchen hat etwas Mondänes. In den sechziger Jahren hätten sich dort sonntagnachmittags die Cabriolets der erwachsenen Kinder der „Upperclass" der Moselorte bis Koblenz aneinandergereiht: man traf sich zum Tanztee.

An der Uferpromenade gab es das Restaurant „La Croisette". Im Rücken hatte man das alte Steinhaus, über dem Kopf die Markise, die sich bis an den Gehweg spannte. Man schaute von der Terrasse auf die Mosel, auf der die kleinen Yachten dümpelten oder vorbeiglitten, Kellner und Gäste redeten laut und französisch durcheinander, man aß „Fritture", kleine gebackene Moselfische, und alle Ängste und alle Sorgen waren so weit weg, als wäre man wirklich am Mittelmeer oder in Portugal.

Es ist spät, lieber Jan,

mit besten Wünschen für Sie,

Ihre Elfie und den Frühling in den Bergen

Ihre Ophelia

PS Damals in Darmstadt habe ich noch einen anderen Winzer kennengelernt: Markus Igel von der Nahe, der Bürgermeister ist und gerne mal eine Versammlung von Neonazis in seinem Dorf unterbindet. Wir redeten über die glückliche Renaissance der heimischen Weine, die sich festigenden Preise. Und dann schaute er mich aus seinen hübschen Augen lange und ruhig an und sagte: „Aber übertreiben, Ophelia, sollten wir es nicht: solange noch Kinder auf der Welt verhungern, muss ich mich nicht besser fühlen, wenn ich mir eine Flasche für fünfhundert Euro einverleibe."

Liebe Ophelia,

vor welchen Ängsten und Sorgen sind Sie als Kind geflohen? Sorgen gehören doch nicht in Kinderhände: Messer, Schere, Sorge, Licht, sind für kleine Kinder nicht! Hat Ihnen das keiner gesagt? Wie sehen

Ihre Montagabendtreffen aus?

Hier malt heute der Regen Musik ans Fenster.

Wissen Sie, wie sehr ich Ihre Briefe erwarte?

Wann haben Sie Zeit für einen Besuch?

Fragt herzlich grüßend

Ihr Jan

Jan,

so, wie an der Mosel jeder seine Paradiesecke finden kann, so hat sicher auch jeder seine Sorgenecken. Glauben Sie nicht? Hatten Sie als Kind keine Sorgen? Es waren kleine Sorgen, für Erwachsene. Hier scheint gerade die Sonne, die Mosel schiebt sich rheinwärts und Sie stellen mir Fragen, die ich noch niemandem beantwortet habe, vielleicht nicht mal mir selbst!

Ich glaube, meine Mutter hat immer sehr unter ihrer jüngeren und schöneren Schwester gelitten. Sie war nur der Schatten von Gerda. Und je hübscher Gerda wurde, umso besser wurde meine Mutter in allem, was sie tat: In der Schule war sie Klassenerste, den Platz hatte sie abonniert. Und je mehr sie sich anstrengte, umso mehr flogen Gerda alle Herzen zu. Sie wurde Oberstudienrätin. Und als Gerda weinte und litt, weil ihr Johann studieren wollte und für Gerda als Legasthenikerin damals ein Abitur undenkbar war, verzog sie – laut Gerda – verächtlich das Gesicht. Meine Mutter behielt den Posten als Klassenerste und brachte irgendwann einen Mann mit, der lustigerweise denselben Familiennamen wie meine Mutter hatte: Lay, mit Vorfahren an der Mosel, die schon lange in Kaiserslautern lebten. Er ist auch Oberstudienrat – mit dem gleichen Faible für porentiefe Sauberkeit, Ordnung und Pünktlichkeit. Er ist ein Einzelkind mit früh verstorbenen Eltern.

Mir wurde nie gesagt, dass ich ein Wunschkind sei. Ich glaube, sie haben sich einen Sohn gewünscht: der hätte wenigstens Pfarrer werden können, aber da war nur ich: sehr klein, sehr mädchenhaft und zugleich sehr wild. Wir hatten eine Haushälterin: Frau Braun, die ich siezen musste, die darauf achtete, dass ich leise war, wenn meine Eltern nach dem Mittagessen entspannten. Als ich in die Schule kam, beaufsichtigte sie meine Hausaufgaben. Und ich war leider keine Leuchte. Mit zehn kam ich in ein Internat. Ich hatte entsetzliche Angst: jahrelang wurde ich davor gewarnt.

Sie waren enttäuscht, dass ich nicht Lehramt studierte, dass ich Gerda so ähnlich sehe, dass ich den Job in dem Hamburger Nobelhotel kündigte: „Ein großes Unternehmen, eine führende Hotelkette hält für den Tüchtigen eine hohe Karriereleiter bereit." Wäre da nicht die äußere Ähnlichkeit mit Gerda, würde ich denken: ich wurde im Krankenhaus vertauscht. Gerda besuchte mich manchmal im Internat. Wenn sie auftauchte, herrschte sofort gute Stimmung. Sonne, sie goss Sonne aus, wohin sie auch kam. Auch später im Studium und im Hotel liebte ich Gerdas Besuche.

Als ich kurz vor dem Abitur keine Idee hatte, was ich machen könnte, sagte sie: „Abmarsch, geh in ein Hotel. Wenn ich nochmal jung wäre, würde ich eine Ausbildung zur Hotelkauffrau machen: Nicht daran verdienen, dass sich andere möglicherweise bereichern oder in den Ruin reiten, sondern dafür sorgen, dass sie sich dann, wenn sie nicht zuhause sind, zuhause fühlen. Du kennst dich damit ganz gut aus, oder?" Darum ging ich nach dem Abitur an die Mosel, in den Advocatenhof: ein wunderschönes Hotel in einem alten, herrschaftlichen Weingut in Mülheim. Es war eine gute Zeit. Alle arbeiteten so, als ob es ihr Hotel wäre, die Gäste wurden wie Könige behandelt. Ein guter Geist wehte und weht da! Und manchmal besuchte ich die Verwandten meiner Mutter. Meine Großeltern waren gestorben, als ich fünfzehn Jahre alt war. Eines Morgens lag mein Großvater tot im Bett und meine Großmutter legte sich am Abend alleine ins Bett und wachte nie wieder auf.

Ist Ihnen das schon einmal aufgefallen? Die, die früh aus dem Nest geworfen werden, suchen später lange dessen Nähe. Und die, die zuhause umklammert werden, schreien später laut: „Ich will hier raus!" und gehen zum Studium möglichst weit weg. Meinen Eltern war ich ohne akademischen Abschluss wohl ein bisschen peinlich ... Darum habe ich danach Betriebswirtschaft studiert. Nicht, dass es mich anfangs wirklich interessiert hätte, eher, weil man damit wenig falsch machen kann ... Ich habe in Kaiserslautern studiert und an Wochenenden und in den Semesterferien im Advocatenhof gejobbt. Da waren alle hilfsbereit, wir verstanden uns als Organismus und jeder freute sich, wenn die Gäste strahlten.

Mit sechsundzwanzig war ich fertig mit dem Studium, hatte einen netten Freund und ging frohen Mutes nach Hamburg. Endlich war ich so weit, dass ich weg wollte. Ich war stolz. Meine Eltern schenkten mir einen nagelneuen Mini, „damit du immer nachhause kommen kannst". Wie ich dieses Auto liebe!

Als es Gerda schlechter ging, sie ihren hochdotierten Job in der Bank (als Nichtakademikerin!) verlor und dann noch von ihrem Mann wegen einer Jüngeren und Vollbusigeren vor die Tür gesetzt wurde, wurde meine Mutter weicher und farbenfroher. Gerda behielt ihre Herzlichkeit, wurde aber äußerlich so farblos, wie es zuvor meine Mutter jahrzehntelang gewesen war. Meine Mutter wurde freundlicher und wärmer zu Gerda und zu mir. Doch als Gerda das Haus von Onkel Mats erbte, schnaubte meine Mutter: „Sie muss sich nie was erarbeiten, ihr fällt immer alles zu."

Zufällig habe ich in einer Zeitschrift von Rousseau gelesen. Der große Pädagoge, der 1762 mit dem Buch „Emile oder über die Erziehung" ein Buch schrieb, das heute noch gelesen wird, Rousseau der „Aufklärer", Schriftsteller, Pädagoge, Philosoph, Komponist und Naturforscher, einer der Wegbereiter der Französischen Revolution – dieser Mann hatte seine fünf Kinder, jedenfalls alle Kinder, die seine Lebensgefährtin geboren hat, kurz nach der Geburt in ein Heim für Findelkinder gegeben ... Mh, ob er keine Lust auf Chaos und Risiko hatte?

Gerda lacht immer alle Bedenken weg. Sie lachte auch noch, als ihr Mann seine Kurfreundin nachhause einlud, richtete ihr ein Bett her, kochte ein Abendessen. Als sie beim Abendessen gebeten wurde auszuziehen, hörte sie auf zu lachen. Aufgelöst kam sie zu mir nach Kaiserslautern in meine Studentenwohnung: „Das kann nicht sein, das ist nicht wahr, nicht wahr? Es ist ein Traum!" Es war wahr und blieb wahr. Michelle ist zehn Jahre jünger und irgendwann sagte eine graue

Gerda: „Er wünscht sich Kinder. Das wird es sein. Ja, ich wünsche ihm Kinder, einen Stall voller Kinder, das, was er sich immer gewünscht hat. Ich konnte sie ihm nicht schenken."

Ich sagte: „Gerda, du musst unter Leute. Weißt du noch, wie sehr du Anne Monhairons in Horbruch, die Schlossmüllerin, Hilde Protestantisch aus Brauneberg, aus dem Schwarzenberger Hof, und Elke aus Wittlich mit ihrer Ferien-Villa immer beneidet hast, um ihre Hotels und ihr spannendes Leben? Weil sie ihren Gästen einen Zauber mitgeben, sie verzaubern. Vielleicht war es dein Traum? Lass dir aus dem Sozialplan der Bank die Umschulung bezahlen, mach eine Ausbildung im Advocatenhof in Mülheim." Und sie machte es tatsächlich. Ein Jahr lang arbeitete sie dort wie eine Besessene, machte parallel ein Fernstudium zur Hotelkauffrau und begann zaghaft aufzublühen. Bei einer Heilpraktikerin in Piesport und einer Geistheilerin im Nachbardorf, einer Frau, die frei sein will und wunderbar Dialekt redet, lernte sie zu verzeihen, ihm und sich selbst. Nie verlor sie ein böses Wort über ihn oder Michelle. Was für eine wunderbare Frau!

Es ist spät, lieber Jan, ich hoffe, es geht Ihnen gut! Wie ist Ihr Job in Bayern? Lachen Sie genug?

Ihre Ophelia

♥

Iffeldorf, 26. März 2006

Ophelia,

wo sind Sie im Winter überall mit Ihrem Onkel gewesen? Wie sehen Ihre Montagstreffen aus? Wie kam Ihre Tante zu dem Bed and Breakfast? Und warum ist sie jetzt in Kalifornien und warum sind Sie aus Hamburg geflohen?

Ich habe so viele Fragen an Sie und per Post dauern die Antworten sehr lange, finden Sie nicht?

Fragt ungeduldig

Ihr Jan

♥

Sommerath/Mosel, 29. März 2006

Lieber Jan,

vielen Dank für Ihren Brief! Wie schaffen Sie es nur, immer noch schöneres Briefpapier zu finden? Danke, dass Sie mir oft die Papiernamen dazuschreiben. Was ist das für ein Papier, auf dem Sie den jüngsten Brief geschrieben haben? Und vielen Dank für die zauberhafte CD mit Filmmusik von Annette Focks.

Warum haben Sie sie nicht selbst hier vorbeigebracht? Fahren Sie manchmal die Strecke München-Köln? Dann könnten Sie über die A 48 fahren. Das ist ein kleiner Umweg, den aber die oft leere Autobahn wettmacht.

Mit herzlichen Grüßen

Ihre Ophelia

Iffeldorf, 31. März 2006

Liebe Ophelia

es ist ein Papier hier aus dem nahegelegenen Gmud am Tegernsee. Die Fahrt dorthin würde Ihnen sicher gefallen: über Bad Heilbrunn und das betörend schöne Bad Tölz fährt man eine Dreiviertelstunde und kann am Tegernsee dann noch etwas trinken. Darf ich Sie hierher einladen? Haben Sie Lust auf einen Tee am Tegernsee? Würden Sie mit mir von dort weiter nach Rosenheim fahren, weiter nach Waging am See? Auch dort gibt es am Strand ein Café.

Und ich würde gerne mit Ihnen zusammen Murnau entdecken. Kennen Sie Murnau? Es gibt eine wundersame Stelle mitten im Ort ... die Hauptstrasse überrascht: sie fällt plötzlich steil ab. Atemlos fällt der Blick auf die Berge, die sich vor einem auftürmen. Wassily Kandinsky und Franz Marc malten hier, sagt Tante Lisbeth ... Wie kann ich Sie hierher locken?

Haben Sie nicht mal eine Weinpräsentation hier in der Nähe? Wo waren Sie im Winter überall? Vielleicht erzählen Sie mir dann hier endlich, was Sie damals aus Hamburg vertrieben hat? Warum ist die Inhaberin des Bed and Breakfast in Kalifornien?

Fragt, mit herzlichen Grüßen
Ihr Jan

♥

Lieber Jan,
ja, ich bin im vergangenen Winter ganz schön rumgekommen. Wir sind in Idstein gewesen. Kennen Sie Idstein? Ein Puppenstubenstädtchen voller Fachwerkhäuser. Der Weinladen gehört einer Innenarchitektin und ihrem Mann. Beide sind sehr nett, gutaussehend, gebildet – und ihre Kunden sind auch so und der Wein wunderbar ...
Und in Rosenheim waren wir auch (!), sind über Nacht geblieben. In dem Weinladen gibt es auch Bücher, zauberhafte Bücher, natürlich habe ich viel zu viele gekauft, auch eines aus dem Verlag in Münster, und überlegt, warum Sie schweigen und gehofft, dass es Ihnen gut geht! Es war das erste Wochenende im November, an dem Schnee lag. Eine Schlittschuhbahn war aufgebaut worden und ein nicht ganz so schmaler Mann zog versunken zierlichste Pirouetten. Nah bei dem Weinladen war ein wunderbarer Bäcker, das Brot duftete bis auf die Straße und betörte die lange Schlange vor der Bäckerei. Theo und ich übernachteten wegen des zu weiten Heimweges. Er hat eine Schwäche für Marianne Sägebrechts Film „Out of Rosenheim" und hatte sich sehr auf Rosenheim gefreut. Wir übernachteten außerhalb. Da hat jemand ein mittelalterlich anmutendes Hotel geschaffen ... man taucht in eine andere Welt.
Und in Köln waren wir, bei einem Weinhändler im Belgischen Viertel, von wo man flott in der Nacht an die Mosel nachhause fahren kann. Und in Marburg, Gießen – in Fulda sind wir bei Marc gewesen, in Überherrn bei Arno, bei Siddika in Mönchengladbach, im Leonardo in Koblenz, in Bremen bei Gaby ... Eigentlich müsste ich Theo danken, denn ich promote ja auch immer mein kleines Bed and Breakfast. Aber er bestand darauf, mir zum Dank einen einwöchigen Kurs an der Sommelierschule in Koblenz zu schenken. Geballtes, köstliches Wissen!

Murnau und Bad Tölz stelle ich mir wunderschön vor. Erzählen Sie mir mehr von dort? Wie riecht es da?

Zu Gerda. Ihr Leben nahm eine Wendung: zuerst schloss die luxemburgische Dependance einer internationalen Bank, in der sie arbeitete. Ihr Mann, der in der Versicherungsbranche arbeitet, hatte schon davor eine Kur beantragt und kam mit einem Schatten zurück. Wie das Leben so spielt.

Gerda hat keine Kinder mit ihm. Und der Schmerz darüber traf sie mit Mitte vierzig mit voller Wucht. Sie wurde grau. Fast über Nacht, war nur mehr ein Schatten ihrer selbst. Sonst war sie schlank. Jetzt war sie dürr.

Ich nahm sie ins Gebet. Dann sagte sie, sie wolle nach Prag fahren und nachdenken – Sonne würde sie nicht ertragen. Sie wollte in eine Stadt, die so aussah, wie sie sich fühlte: mit einer glanzvollen Vergangenheit, vielen auferlegten Stacheldrähten und der Hoffnung, dass es wieder so glanzvoll werden würde, wie es einmal war: Prag. Die siebenhundertfünfzig Kilometer wollte sie an einem Tag fahren. Aber als sie in der Oberpfalz war, fegte Sturm durchs Grenzgebiet, den oberen Bayrischen Wald, warf so lange Äste und Bäume auf die Autobahn, bis sie aus Sicherheitsgründen gesperrt wurde. Sie fand ein Hotel mit Sternelokal in der Nähe, bei Rötz, und blieb eine Woche: in Melancholie, Selbstmitleid und Wellness. Ich habe keine Ahnung von Ayurveda. Aber geheimnisvolle Tees und Ölgüsse auf Kopf, Stirn, Herz und anderswo sagten ihr wohl, dass sie das Glück nicht in alten Städten oder fernen Ländern, sondern in sich selbst suchen müsse. Ein junger tschechischer Pianist schien jeden Abend auf dem Flügel in der Lobby für sie zu spielen. Ohne Prag gesehen zu haben, fuhr sie zurück nach Leiwen, bereit, ein neues Leben anzufangen.

Die Scheidung sollte schnellstmöglich abgewickelt werden. Sie nahm eine kleine Mietwohnung im Dorf und machte die Ausbildung im Advocatenhof, bot dem Schicksal die Stirn. Sie polarisiert nicht im Dorf. Sie verlor nie ein böses Wort über ihren Exmann. Schmutzige Wäsche zu waschen wäre weit unter ihrem Niveau. Ihr Exmann und seine vollbusige Blondine haben noch immer das ganze Dorf gegen sich.

Gerdas Patenonkel Mats brach das Ganze womöglich das Herz. Er war ein Bruder ihrer Mutter, der Junggeselle blieb – „ich habe im Leben nichts versäumt", sagte er gerne lächelnd. Reich war er nicht. Aber er hatte ein stattliches Haus, das allerdings etwas ungepflegt wirkte. Im Dorf hieß es, solange ich mich erinnern kann, „em Mats seyn Boutik" (Boutik klingt nach einer feinen Boutique – eines unserer französischen Lehnworte, das hier aber das Gegenteil bezeichnet: Durcheinander oder ein unordentliches Haus). Er selbst war auch nie besonders gepflegt, konnte dafür aber wunderbar fluchen: „Auf den Mond können sie fliegen, aber Stiefel, in denen die Socken nicht rutschen, das bekommen sie nicht hin" (Of de Mond künnen se flejen, awer Stieweln, an dennen de Socken net rutschen, dat krehn se net hin). Sehr spät war er aus russischer Gefangenschaft nachhause gekommen und soll gesagt haben: „Als ich endlich aus dem Krieg zurückgekommen bin, waren die Mädchen aus meinem Jahrgang alle nicht mehr ganz neu. Die waren mir alle viel zu alt" (Bee eych endlech aus em Krech zereck kumme seyn, woarn de Mäddcher aus meinem Joargang all nemmi ganz nau. De worn mir all vill ze alt).

Er schien über die Runden zu kommen – ein Winzer, der fast alle Weine im Fass verkaufte. Früher wurde er von meiner Großmutter und später von Tante Gerda mit frischer, geflickter Wäsche und eingemachtem Obst und Gemüse versorgt, die, falls dringend nötig, auch mal geputzt haben.

Als er achtzig wurde, gab er zum ersten Mal im Leben ein Fest. Vielleicht machte er es, um Gerda eine Aufgabe zu geben, sie wieder unter Leute zu bringen. Vielleicht hatte er vorher nie ein Fest gegeben, weil er sich nicht getraut hatte. Den Saal im Dorfgasthof hatte er angemietet. Und er lud fast einhundert Gäste ein. Das hätte keiner von ihm gedacht: alle, die mit ihm zusammen zur Erstkommunion gegangen waren, alle Nachbarn – auch die Schrecklichen (och de Greilien) und die engere und entferntere Verwandtschaft. Gerda hatte die Einladungskarten drucken lassen und mit ihm zusammen rundgefahren.

Als Überraschung hatte Gerda junge (Straßen-) Musiker bestellt, die mit Akkordeon, Geige und Klarinette zum Tanz aufspielten, alte

Tanzmusik, die böhmisch klang und war. Als ein Fotograf losfotografieren wollte, wischte sich Mats, zwischen Gerda und mir stehend, verstohlen Tränen aus den Augen und sagte: „Gerda, es ist fast so schön wie früher die Festchen waren, als ich noch ein junger Kerl war. Schade nur, dass es keine Schlägerei gibt – dafür sind wir inzwischen alle zu alt" (Gerda, et es bal esu schien be freija de Festchen woarn, be eich nach en jungen Keddel woar. Schoad nomma, dat et keen Schlejerey get ... dofioer seyn mer aal at ze alt).

Dann tat er etwas Bezauberndes: Er packte jeden Tag nach dem Frühstück nur eines der neunundvierzig Geschenke aus, die er bekommen hatte: „Dann habe ich jeden Tag eine Freude. Sonst hätte ich einmal ganz viel Freude und nachher keine mehr" (Dann hon eysch jeden Daach en Fräd, soss hät eich äs ganz vill Fräd und nochert kään mieh). Säuberlich hatte er auf jedes Geschenk den Schenkenden notiert.

Aber das Leben ist anders. Mats starb neunundvierzig Tage nach seinem achtzigsten Geburtstag, am späten Vormittag des Tages, an dem er sein letztes Päckchen ausgepackt hatte. Helmut (erinnern Sie sich?, der begnadete Winzer des 59ers, der in die Pfalz geheiratet hat) hatte ihm Vogelstimmenpfeifen geschenkt – weil sie als Kinder immer versucht hatten, Vogelstimmen nachzumachen und solche Vogelstimmenpfeifen zu besitzen, eine Kiste ganz voll davon, wie sie es als Kinder mal bei einem Reisenden gesehen hätten, das sei ihr Traum gewesen. Das hätten sie sich immer ausgemalt. Mats hatte Helmut wohl noch" angerufen und ihm gesagt, wie sehr er sich freue, dass er sich noch daran erinnern könne. Er sagte zu ihm, er ginge jetzt mit den Vogelstimmenpfeifen spazieren, da, wo sie früher auch immer die Vogelstimmen nachgeahmt hätten. Unterwegs begegnete er Hermie, dem gleichermaßen beliebten wie beleibten Dorf-Apotheker (dessen Diät-Plan für Abnehmwillige sehr einfach ist: viel Sex und tausend Kalorien am Tag). Mats führte Hermie begeistert die Vogelstimmenpfeifen vor, bevor er plötzlich in sich zusammensank. Der Apotheker setzte alle Wiederbelebungshebel in Gang. Aber Mats behielt sein seliges Lächeln im Gesicht. Er hätte kurz zuvor gesagt: „Hör mal, das hört sich an, als ob es nicht von hier wäre, das hört sich an wie Mozart, wie heißt nochmal die Oper?"(Hür as, dat hürt sech an, be wenn et net von hey wär, dat hürt sech an be Mozart, be heßt noch as de Oper). Die Antwort des Dorfapothekers hat er vielleicht nicht mehr gehört: „Die Zauberflöte."

Zu seiner Beerdigung hat Gerda dann wieder die Straßenmusikanten bestellt und Passagen aus der Zauberflöte spielen lassen. Beim Beerdigungskaffee erzählte man sich wunderbare Geschichten von Mats.

Die Vogelpfeifen, gefertigt aus Weißdornholz, Messing, Leder und Gummi, von einer kleinen Werkstatt in den französischen Alpen, liegen in einer schlichten Holzbox. Jede Pfeife hat ein eigenes Fach, auf dessen Boden der Vogel aufgemalt ist, mit seinem französischen und lateinischen Namen, dazu Übersetzungen der Namen: Amsel, Bachstelze, Gartengrasmücke, Feldlerche, Kleiber, Kuckuck, Singdrossel … Bei der gezeichneten Amsel steht: Merle noir und klein darunter Turdus merula, dazu die Namen in verschiedenen Sprachen, handschriftlich ergänzt um: „finnisch: mustarastas". Helmut sagte beim Beerdigungskaffee, er habe es nicht hineingeschrieben.

Mats Testament überraschte dann alle: Er vermachte seine Weinberge dem Neffen, der sie schon länger bewirtschaftete. Sein „Boutik" vermachte er Gerda – mit der Auflage, es zu einer kleinen Pension umzubauen. Und ziemlich viel Geld hinterließ er ihr auch. In seinem Testament fand sich folgende Anweisung bezüglich der Pension: „Gerda, schreib bitte den Spruch aus der Wieskirche drauf, links unten neben der Tür, das, was der Bauherr der Wies-Kirche, Abt Marianus II Mayer gesagt haben soll: „Hoc loco habitat fortuna, hic quiescit cor" (Hier wohnt das Glück, hier findet das Herz seine Ruh). Vielleicht kommen dann Menschen aus der ganzen Welt dorthin. Vielleicht sogar aus Finnland." Und es gab ein „PS" in seinem Testament: „Sorgt bitte dafür, dass unsere schönen Schimpfwörter nicht aussterben: Sprecht sie jetzt alle einmal klar und deutlich zusammen nach und so lange Ihr Euch treffen könnt, trefft Euch bitte einmal im Jahr, am ersten Sonntag des Monates nach meiner Beerdigung und sagt zusammen diese schönen, alten Wörter: „Botz, Sur, Tormes, Delpes, Bobes, Rensel, Schnoder, Dappes, Schlappes, Flappes, Brutschelchen." Natürlich haben alle gelacht: „Typisch Mats".

Natürlich hatte Gerda etwas Geld gespart. Um gegen ihren sich scheidenden Mann zu klagen, war sie zu stolz. Dass sie dann aus dem Sozialplan der Bank ziemlich viel Geld bekam, hat sie wohl überrascht. Und zusammen mit der Hinterlassenschaft von Mats hat es gereicht, um das „Boutik" in ein kleines, feines Bed and Breakfast zu verwandeln.

Gerda plante präzise. Ich war damals schon am Ende meines BWL-Studiums und „verwöhnte" (oder nervte) sie mit einer Zweitmeinung, plante vieles mit ihr zusammen. Sie gab sich und dem „Boutik" ein Jahr, um zum kleinen, feinen „Bed and Breakfast" zu werden. Im Februar war alles fertig: alles war eingerichtet, Anzeigen waren geschaltet. An Ostern sollte das kleine Haus eröffnet werden. Die ersten Buchungen lagen vor.

Lieber Jan, lesen Sie noch?

Ich pack jetzt mal zusammen, geh zum Briefkasten, dann erreicht der Brief Sie hoffentlich morgen noch.

Mit besten Wünschen für ein gutes Wochenende

Ihre Ophelia

Iffeldorf, 5. April 2006

Liebe Ophelia,

vielen Dank für die Fortsetzung. Ich liebe es, Ihre Briefe zu öffnen. Was hatte Ihr Mats mit Finnland zu tun? War er in russischer Gefangenschaft einer Finnin mehr als nur flüchtig begegnet? Sprachen beide Latein und hatten dann einen Ort des Glückes gefunden? Haben Sie angefangen, nach einer Person zu suchen, von der man nicht mal weiß, ob es sie gibt? Gibt es am Ende in Finnland Verwandte von Ihnen?

Warum sind Sie aus Hamburg geflohen? Und wie kam Gerda nach Kalifornien? Was wollen da bloß immer alle?

Ich mache gar nicht erst den Versuch, Sie per Mail anzuschreiben. Ich hab mich ans Briefeschreiben gewöhnt, schreibe sie oft erst spät am Abend und bringe sie am nächsten Tag zum Briefkasten. In München gibt es viele Briefkästen mit Spätleerung, einen direkt am Bahnhof.

In Iffeldorf müsste ich, um die Spätleerung zu erwischen, nach Starnberg fahren, einmal den See lang, das dauert ... Ich liebe Briefkästen mit Spätleerung. Spät geschriebenen Briefen, eilig zum Briefkasten gebracht, haftet etwas Verwegenes, Unwiderrufliches an.

Ich stelle Sie mir vor, wie Sie den Brief zum Briefkasten bringen. Kann man die Bergluft an dem Brief riechen, dass ich manchmal zum Briefkasten reite und dann noch ein Bier auf dem Vitus-Platz trinke, oder ein Glas Wein in dem netten Gasthaus?
Meine Elfie fühlt sich hier nah bei den Bergen zuhause. Die Rasse der Haflinger entstand in den Alpen.
Es lebt sich hier wirklich wie in einer Filmkulisse, hier, wo andere Urlaub machen, wie an der Mosel. Jauche und Levkojen ... Bergluft, Landluft. Der Zug fährt eine Stunde nach München, die Redaktion ist nah beim Hauptbahnhof, in eine andere Welt. Mit dem Auto sind es fünfzig Kilometer in die Stadt, nach Murnau fünfundzwanzig, nach Oberammergau vierzig, in die Wieskirche fünfzig. Die Orgel in der Wieskirche wird gerade repariert. Und eine Kollegin strahlte gestern, der Orgelbauer sei ein magischer Mann. Ich kann das alles nicht in Worte fassen. Sie sollten es sehen! Ich würde gerne mit Ihnen dem Klang der Orgel lauschen.
Kommen Sie selbst hierher, um zu schnuppern, wie es hier riecht! Wie riecht es bei Ihnen? Wir könnten auch nach Rosenheim fahren. Würden Sie es mir zeigen?
Fragt, Ihr Jan

❦

Sommerath/Mosel, 7. April 2006

Lieber Jan,
ja, ich liebe Briefe. Weil es in den Jahren im Internat das Innigste war, was ich hatte: die Briefe meiner Eltern. In den Briefen waren sie mir viel näher als sonst; zärtlicher, warmherziger, sonniger. Ein schöner Briefumschlag lässt, seit ich zehn Jahre alt war, mein Herz ein bisschen tanzen, schürt die Freude auf Schönes.

Und nun ist es auch an der Zeit, dass ich endlich mein Gewissen erleichtere. Da muss ich jetzt durch.

Im Internat liebte ich auch die Briefe, Päckchen und besonders die Besuche von Gerda. Ihre wenigen Briefe waren voller Rechtschreibfehler, die mich allerschönst zum Lachen brachten – wenn ich Gerda darauf hinwies, lachte sie mit – noch mehr als ich ... Eines Tages besuchte sie mich und schenkte mir ein Bild: Das Mädchen mit dem Perlenohrgehänge (Jan Vermeers). Dieses Bild hing fortan in meinem Internat-Zimmer über meinem Bett, weil es mich immer an Gerda erinnerte. Dabei meinte sie, es sähe mir ähnlich. Meine Zimmernachbarin Gudrun lachte immer über dieses Bild: „Das Mädchen mit dem Anhänger" nannte sie es, weil in ihrer bäuerlichen Welt „Anhänger" statt Perlenohrgehängen eine Rolle spielten.

Sie hatte ein Fotoalbum, in das sie immer wieder neue Fotos einklebte. Wie ich sie beneidete, um ihre große Familie und die vielen schönen Tiere. Und eines Tages schaute ich mit ihr zusammen das Fotoalbum an. Als ich weinend sagte: „Ach, wär Gerda doch hier" und das Bild über meinem Bett anschaute, sagte sie, „ach, wär ich doch nur zuhause, dann könnte ich zu den Pferden unserer Nachbarn gehen". Sie boxte mich in die Seite und lachte: „der Tomy, der Bobby, der Carlo" – allesamt Haflingerjährlinge. Ich kann mich an die Namen der Pferde erinnern, weil sie sie ins Album schrieb, mit ihrer großen Schrift, oft auf die Bilder drauf. Wir wurden älter, Nachbars Pferde wuchsen, ein anderer Nachbar bekam auch Pferde, das Heimweh legte sich. Sie zeigte mir immer noch ihre neuen Bilder. Und eines Tages schrieb sie auf eines der Fotos „Jan". – „Oh, haben Eure Nachbarn ein neues Pferd?", fragte ich. „Nein", lachte sie, „das ist Jan. Er kann prima reiten, sogar ohne Sattel." Und dabei hatte sie so einen seltsamen Blick. Und tatsächlich, da war neben dem Pferd ein Junge zu sehen. Ein sommersprossiger, braungebrannter Lockenkopf mit lustigen Augen, schmutzigem T-Shirt und einem Grashalm im Mundwinkel, eine Mischung aus Michel aus Lönneberga und George Clooney. Lachend hielt er das Pferd, „mit lässiger Gebärde."

Ich wusste, dass Gudruns Nachbarn Hermann hießen. Im Internat hatten wir viel Zeit, uns unwichtige und bedeutende Dinge zu erzählen, die rasant wechselten.

Ein paar Wochen lang war meine Frage, wenn sie glücksstrahlend und ein bisschen braungebrannter aus dem Wochenende zum Calvarienberg zurückkehrte: „Und: was macht der Junge mit dem Grashalm?" Sie sagte dann immer: „Er reitet und er hat keine Zeit." Ich hörte auf zu fragen. Ihre Hobbys hatten sich verändert. Gudrun ist keine Schwerenöterin, was meinen Sie?

Und das, lieber Jan Hermann, war vielleicht der Grund, warum ich mich damals auf die Suche nach dem Wein gemacht habe. Es war vielleicht ein bisschen Nostalgie. Aber wann hätte ich fragen sollen, ob Sie jener Jan Hermann sind, der „Junge mit dem Grashalm"? Die Last des „Kennens" wuchs von Brief zu Brief ... und wog weniger als die Freude. Sie müssen sich also wegen der Geschichte in Hamburg nicht grämen.

Damals in Hamburg habe ich Sie im Café Paris gesehen, geahnt, dass Sie es sind. Sie haben sich seit dem „Pferdebild" nicht so sehr verändert. Sie saßen drei Tische weiter auf der langen Bank. Ich hatte mir ein wenig gewünscht, dass Sie dorthin kommen würden, als ich Ihnen von der überraschenden Tour nach Hamburg schrieb. Der Grashalm fehlte. Ich war mir nicht sicher. Aber im Museum habe ich dann die Schuhe wiedergesehen ...

Erst vor ein paar Wochen hat Onkel Theo mir bei einem unserer Montagstreffen gestanden, dass der Gipsfuß seines Kollegen nicht echt war. Stellen Sie sich das mal vor: Wie sehr sich die beiden schämen müssten, wenn sie wüssten ... Er hatte Angst nach Hamburg zu fahren und sich dann den Fuß eingegipst. Ob er es getan hätte, wenn er gewusst hätte, dass es Sie Ihren Arbeitsplatz kosten wird?

Ich schäme mich und bin unendlich müde. „Two Sleepy People", lassen Sie sich das mal von Silje Nergaard ins Ohr laufen ... Ein Pferd, das war etwas so Unvorstellbares für mich, so groß und so stark ...

Wie schön, dass sich Ihre Elfie in den Bergen wohlfühlt. Sie hoffentlich auch! Schreiben Sie mir von Ihrer Reise nach Spanien?

Fragt, mit herzlichen Grüßen,

in der Hoffnung, dass Sie nicht sauer sind

Ihre Ophelia

Liebe Ophelia,

mh, Sie kennen Gudrun?

Warum sind wir uns nicht auf ihrer Hochzeit begegnet? Wären Sie da-
gewesen, würde ich mich erinnern!

Entschuldigen Sie bitte, dass ich über Gudruns Familie gelästert habe! Eigentlich freue ich mich ein bisschen über Ihre kleine Schumme-
lei. Könnten Sie mir großzügig entgegenkommen, könnten wir das
als ein 1:1 im Raum stehen lassen?

Und wir würden dann einfach, wie damals in Ihrem Museumstraum,
einen Raum weiterlaufen. Ich habe mich immer gefragt, wie man von
jemandem träumen kann, den man noch nie gesehen hat. Jetzt weiß
ich auch, warum ich in Ihrem Traum immer Grimassen geschnitten
habe: auf Gudruns Foto sicher auch, ungekämmt und mit nicht so
sauberem T-Shirt ... Haben Sie so von mir geträumt? Klasse!

Was uns im deutschen Winter düster und schwer erscheint, scheint
leichter und heller, wenn man sich in Andalusien eine fast schon af-
rikanische Sonne ins Herz scheinen lässt, Wüstenwind den sandigen
Boden gegen die Palmen peitscht ... Sie schob mir die Schatten weg.
Ich fühlte mich plötzlich frei. Die Alhambra ist vollkommen. Kennen
Sie die Kathedrale von Granada? Sie wirkt blass neben der Alhambra,
dem Monument der Mauren. In der Alhambra plätschert Wasser in
Rinnen – vielleicht, um die Ohren und Sinne der dort Lebenden zu
besänftigen, dem Unterbewusstsein verstohlen wie ein tuschelndes
Kind zu sagen: „Es ist Wasser da, du wirst nicht dürsten, auch dein
Vieh nicht, du wirst keinen Hunger leiden." So, wie uns Grün in allen
Schattierungen beruhigt: Es ist genug Futter fürs Vieh da. Ein Fleck-
chen Paradies – von hohen Mauern umgeben, geschützt.

Nach dem Besuch der Alhambra war ich in der Kathedrale. Und in
der Sakristei erntete ich die missbilligenden Blicke der Wächter. Ich
habe gelacht. So, wie man viel zu selten lacht – bis es einen schüttelt
und alle über Jahre auf den Schultern angesammelte Last abfällt.
Spiegel, überall Spiegel – aus großer Höhe an den Wänden herabhän-
gend, schräg nach unten. Was haben diese Spiegel schon alles gese-

hen? Wem haben sie es gezeigt? Was haben diese Mauern schon alles gesehen, welche Gebete haben sie gehört? Waren die Gebete in der Alhambra andere als die in der Kathedrale? Ob Gott eine Statistik über das führt, was die Menschen von ihm erflehen? Ob er zürnt, wenn sich Menschen erschießen, weil sie sich nicht einig werden, welcher Gott der wahre ist?

Ob er über die strenge Kleiderordnung in den Kirchen zürnt? Als Michelangelo zwanzig Jahre nach seiner genialen Deckenmalerei in der Sixtinischen Kapelle auch mit dem Malen des „Jüngsten Gerichts" beauftragt wurde, sorgte er Weihnachten 1541 bei der Enthüllung für einen Skandal: Jesus war nackt – so wie Heilige, Auserwählte, Auferstandene und Verdammte um ihn herum. Schüler von ihm mussten die edlen Teile nachträglich verhüllen. Vierhundertsechzig Jahre später, bei der Restaurierung, durften dann siebzehn der vierzig nachträglich angebrachten Lendenschurze fallen.

Ich habe mich im Herbst und im Winter gefragt, worüber Sie in Metz weinen, wenn Sie dort in der Kathedrale stehen. Aber als gefeuerter Redakteur hätte ich mich nicht unter Ihren strengen Blick getraut. Fahren Sie noch dorthin um zu weinen oder wurden Ihre Gebete erhört?

Ich sah mich dort stehen und lachte über mich, wie klein ich aussah. Und meine Sorgen gleich mit … Wer muss sich dort aus allen Perspektiven sehen, wobei? Ich habe gelacht und Sie mir dorthin gewünscht. Lachte darüber, dass alles so gekommen war, konnte mich einfach nur beim lieben Gott bedanken, allenfalls darum bitten, dass er mich einen Weg finden ließe, um wieder zu Ihnen zu finden.

Wie es weitergegangen ist, wissen Sie. Two sleepy people.

Wie sind Sie von Hamburg an die Mosel gekommen, Ophelia, und Ihre Tante nach Kalifornien? Und wie riecht es jetzt bei Ihnen?

Fragt ungeduldig

Ihr Jan

Lieber Jan,

vielen Dank für den schönen Brief. Ich fühle mich reich beschenkt! Stellen Sie immer so viele Fragen? Vielleicht schreib ich Ihnen heute die Antwort auf die Frage nach meinem Nachbarn.

Harfe – er spielt Harfe, auch wenn es regnet, bei offenem Fenster. Gebannt sitzen dann meine Gäste auf der überdachten Terrasse, schauen und schauen, wie sich der Abend leise ins Tal legt, bis eine stille Lust in die Augen kommt und ihr Blick alles streichelt: den Fluss, das eigene Leben.

Er ist Musiklehrer an einem Gymnasium in Trier. An einem Mädchengymnasium. Ein begnadeter, leidenschaftlicher Musiker. Er streichelt die Saiten, lässt Raum zwischen den Tönen. Das scheint die Kunst zu sein – der Raum zwischen den Tönen – für den kommenden Ton, die Vorfreude …

Er schaut einen anders an als andere Menschen. Nie fordernd. Er hat Respekt im Blick. Ganz gleich, wen er anschaut. Auch, wenn die Müllabfuhr sich durch das schmale Sträßchen zwängt, das unsere Häuser miteinander verbindet und zugleich dürftig trennt, und er seinen alten Saab morgens um halb sieben unter den Beschimpfungen der Müllwagenfahrer wegfahren muss – auch dann liegt Respekt in seinem Blick, ein leises Lächeln in den Augen. Und er wünscht den Herren einen guten Tag mit wenigen Autos, die im Weg stehen. Nie bin ich mir sicher, ob er nicht dann am meisten lächelt, wenn es ihm besonders mies geht, jemand auf seinen empfindlichen Stellen rumtrampelt.

Vergangenes Jahr hatte ihm die Schulelternsprecherin ein Lebkuchenhaus zum Dank für das Weihnachtskonzert gebacken und ihm offiziell überreicht. Als eine Achtklässlerin kürzlich in der Schülerzeitung unter der Rubrik: „Dementi" unter zwanzig anderen schrieb: „Es ist natürlich nicht wahr, dass Schulelternsprecherin Gesine Meyer-Wachtendonk sich nicht nur wünscht, dass ihr Lebkuchenhaus von Herrn Fontain vernascht wird", wäre sie beinahe von der Schule geflogen.

An langen Winterabenden, als hier an der Mosel kaum mehr Gäste waren, er seine Weihnachtskonzerte gegeben hatte und Neuigkeiten und Frühlingsgäste noch auf sich warten ließen, spielten wir manchmal zusammen Karten oder schauten Filme an, fuhren nach Trier ins Kino und nahmen im Weinsinnig einen Absacker.

Manchmal liest er mir auch einfach aus alten Büchern vor. Dann fühle ich mich sehr klein und sehr kindlich und ganz wunderbar geborgen. Wie schön es ist, dann im hier stillen Gastraum zu sitzen. Man glaubt die Energie meiner Gäste zu spüren, so, als wäre jedes Lachen noch da. Er sitzt dann auf dem Schaukelstuhl mit dem Rücken zu den bodentiefen Fenstern, schaukelt manchmal ein bisschen, legt manchmal seinen Blick auf mich, verharrt minutenlang ganz still.

Dann meint man für einen Augenblick, die Zeit würde stillstehen. Aber hinter ihm scheint die Mosel schneller als sonst zu fließen, Schiffe tuckern – auch gegen den Strom. Manchmal gönnen wir uns dabei eine alte Flasche Moselwein, einen Riesling, klar, der von einem längst vergangenen Sommer erzählt. Dann scheint die Zeit nicht nur stillzustehen, sondern wir lassen uns in jenen Sommer zurückkatapultieren, als wir noch Kinder waren, der Himmel weit und die Sommer endlos lang.

Es ist spät, lieber Jan,

das Haus ist schon voller Ostergäste. Ich wünsche Ihnen glückliche Ostertage. Haben Sie noch Schnee? Wenn ja, wie riecht der späte Schnee?

Herzliche Grüße

Ihre Ophelia

PS German hatte kürzlich einen Freund zu Besuch, der in London lebt. Er kommt mit seinem Sohn in den großen Ferien zu seiner Winzerfamilie ins Dorf. Seine Bilder hängen in der Tate Modern in London und dem Centre Pompidou in Paris. Er belichtet seine Bilder extrem lange, so lange, bis die durchs Bild huschenden Menschen nicht mehr zu sehen sind. Wir redeten über Gerüche. Er lehrt an der Royal Academy und sagte: „London hat seltsamerweise eigentlich keinen spezifischen Geruch! (Anders als Paris.) Die Sinne werden dort auf andere Art stimuliert. Aber wenn ich mir Mühe gebe, könnte ich behaupten, dass London zurzeit nach neuem nassen Beton und Bauarbeiten riecht. Natürlich auch immer nach Geld, das ist zwar ein sehr schwacher, jedoch sehr überzeugender Geruch, der sich in der Stadt festgesetzt hat.

Im Grunde genommen sind in London alle Gerüche gemischt, von Taxi und Busdieseldünsten zu urbanem Jasmin und Rosendüften. Ein Ort, der seinen ganz bestimmten Geruch hat, ist Smithfields Meatmarket, das große Londoner Schlachthaus in Clerkenwell, das man durchqueren kann. Hier ist der kalte, metallische Geruch von tierischem Blut und Fleisch sehr wahrnehmbar."

Iffeldorf, 15. April 2006

Liebe Ophelia,
vielen Dank für Ihren Brief. Hier riecht man endlich den Frühling. Bergfrühling. Kommen Sie bald?

Dürfte ich Ihnen dann etwas vorlesen? Würden Sie mir etwas vorlesen? Und ich warte noch immer auf eine Antwort, was Sie von Hamburg an die Mosel geführt hat und was Ihre Tante nach Kalifornien? Ist etwas Schlimmes geschehen?

Fragt besorgt, zunehmend ungeduldig
Ihr Jan

Sommerath/Mosel, 19. April 2006

Lieber Jan,
vielen Dank für Ihren Brief und die CD von Didier Squiban. Sie ist wunderbar. Ich habe sowas noch nie gehört und jetzt ganz oft. Sie sind ein bisschen verrückt, nicht wahr?

Wie glücklich ich war, als ich die Jobzusage von dem Hotel in Hamburg bekommen hatte! Und ich fand gleich eine nette, kleine, bezahlbare Wohnung samt einer lustigen Nachbarin. Aber schon nach ein paar Wochen wunderte ich mich von Tag zu Tag mehr über das, was da in dem feinen Hotel ablief.

Als ich eines Abends müde und eher traurig im Parkhaus zu meinem

Auto ging und leise summte „Es gibt Tage, da wünsch ich, ich wär mein Hund", klaffte in meinem Mini eine Delle. Während ich leise fluchte und wütend auf den Boden stampfte, trafen meine Augen die eines lachenden, schwarzgelockten Beaus mit zu großer Nase und handgenähten Schuhen: „Bitte entschuldigen Sie, es ist meine Schuld. Ihr Auto stand die ganze Zeit brav an seinem Platz, meines ist reingerollt – Thaddäus K." Wir brachten mein Auto gemeinsam zu einer Werkstatt. Er lud mich auf einen Kaffee ein, regelte alles mit der Werkstatt. Und wartete am nächsten Tag im Parkhaus auf mich und am übernächsten Tag auch.

Am Wochenende fuhr ich zu meinen Eltern nach Kaiserslautern. Montagabend stand er wieder im Parkhaus und an jedem anderen Abend in dieser Woche auch. Am Donnerstagabend brachte er mich zu meiner Haustür, fragte, ob ich ihn zu einem Kaffee einladen würde, und kam mit in meine kleine Wohnung.

Er setzte sich auf den grünen Sessel, in meine Leseecke neben dem Fenster. Ich brachte ihm ein Glas Mineralwasser. Meine Hände zitterten. Ich setzte mich ihm gegenüber, hinter den Tisch, auf einen Stuhl. Wir erzählten von unseren Reisen, Plänen, Wünschen, Hoffnungen, unseren tausend Toden. Es fiel kein einziges Wort. Wir verloren Zeit und Raum. Eine Nacht in der Stadt. Es wurde nicht dunkel und es blieb nicht hell. Gestern, heute, morgen und Hamburg schienen Lichtjahre entfernt. Als es heller wurde, als sich unten die Geräusche verdichteten, immer mehr Scheinwerfer ihr Licht in unser Universum warfen, der Verkehr lauter wurde, erhob er sich aus seinem Sessel. Ich erhob mich vom Stuhl gegenüber. Er kam zu mir, wollte beginnen zu reden. Aber ich legte meine Hand auf seinen Mund. Er vergrub seinen Mund und seine Nase tief in meinen Haaren. Seine Küsse schmatzten leise und seine Hand lag da, wo die Kinder wachsen, so, als wären da schon unzählige gewachsen. Ich schob ihn aus meiner Wohnung und schloss die Tür. Ich wusste nicht, was ich tat. Ich wusste nur, dass ich es tun musste und lehnte mich an die verschlossene Tür, zitterte.

Ich warf meine Kleider auf das unberührte Bett, sprang unter die Dusche, ließ lange warmes Wasser über meine Haare und meinen

Körper laufen, trocknete mich ab, föhnte meine Haare, warf mir irgendwelche Kleider über, kochte mir wie jeden Morgen Kaffee, schaltete den Wecker aus, huschte die Treppe hinab zu Bäcker und Kiosk, rannte nachhause, konnte nichts essen, suchte einen Vorwand, um am Sessel vorbeizugehen, auf dem er die ganze Nacht gesessen hatte, sog die Luft tief ein – sein Rasierwasser: es erinnert an eine weitgereiste Zigarrenkiste, von einem Lederband zugeschnürt, das man geduldig aufknoten muss, um nachzuschauen, ob wirklich jemand frische, fast noch grüne Zitronen hineingelegt hat. Wenn man dann mit den Fingern über ihre ledrige, gelbe, fast noch grünliche Haut streicht, kann man es noch Stunden später riechen: Holz, Tabak, Leder und fast noch grüne Zitronen.

Ich dachte an Fred, der in ein paar Tagen nach Hamburg ziehen wollte, zog die Tür hinter mir zu und nahm die U-Bahn zur Arbeit. Wie wohltuend: die ordentlich komplizierte Welt des Hotels, voller Heuchelei, Fallstricke und Fettnäpfchen, ausgelegt von meinen Kolleginnen. Im Hotel-Fahrstuhl legte ich möglichst unauffällig meine Hand an meine Nase: Die Fingerspitzen trugen noch den Geruch von Zitronen. Den von Leder trugen sie auch. Thaddäus.

Erst da bemerkte ich Ulrike, die schwierigste meiner Kolleginnen. Sie lächelte Heike zu, dann begannen beide zu kichern. Ich ging in mein Büro. Auf dem Weg dahin bemerkte ich, dass ich einen dunkelblauen und einen schwarzen Strumpf anhatte. Ein paar Stunden später kam Ulrike freundlich in mein Büro. Ich freute mich, bot ihr einen Platz an. Es war nicht einfach für sie, dass ich jetzt einen Teil ihres Jobs mitmachte. Ehe sie ihren unehelichen Sohn bekommen hatte, leitete sie die Pressestelle des Hotels. Jetzt arbeitete sie nur mehr halbtags und war für die interne Kommunikation zuständig. Weshalb sie zu mir gekommen war: eine Stellenausschreibung sollte von uns beiden bearbeitet werden. Natürlich freute ich mich, dass wir das zusammen machen wollten. Plötzlich lächelte sie ganz breit und sagte: „Sagen Sie mal, Frau Lay: Sie kennen den Thaddäus K. auch. Er hat ja Ihr Auto neulich gerammt. Stellen Sie sich vor: Seine Verlobte, meine beste Freundin, ist schwanger von ihm. Nun, die Hochzeit ist schon lange geplant, in drei Monaten soll die Party des Jahres steigen.

Nicht, dass Sie sich da irgendwelche Gedanken machen. Sie sind öfters mit ihm im Café Paris gesehen worden. Ihrer Familie gehört das Hotel."

Ruhig schaute ich mir selbst zu, wie ich ihr sagte: „Machen Sie sich mal keine Sorgen um die Auto-Reparatur! Wenn man nichts davon weiß, sieht man nichts davon! Es wird sicher ein schönes Fest!"

„Ja", sagte sie, „das ist ja das Wichtigste." Irgendwie hab ich den Tag rumgekriegt. Als ich abends das Hotel verließ, lachte sogar der Portier über meine unterschiedlichen Strümpfe, legte den Finger an den Mund. Ich versuchte ein Lächeln.

Als ich zuhause ankam, setzte ich mich neben Thaddäus Sessel, atmete tief.

Das Telefon läutete. Fred war dran. Ich hob den Hörer nicht ab. Er erklärte dem Anrufbeantworter, dass er am Samstag nach Hamburg, zu mir, kommen wolle, um am Montag den Arbeitsvertrag zu unterschreiben. Er fragte nicht einmal, ob er übergangsweise bei mir wohnen dürfe. Wie selbstverständlich ich war. Thaddäus hatte um alles gefragt. Thaddäus.

Das Telefon läutete wieder, Gerda war dran, weinend fragte sie: „Hast du Zeit? „Ja", log ich. Es läutete an der Haustür, von oben sah ich einen riesigen Rosenstrauß und daneben Thaddäus.

Gerda sagte, sie hätte es mir längst sagen wollen: „Vor zwei Wochen habe ich Johann in Trittenheim auf der Postfiliale getroffen, bei den Damen Semmel und Kern. Als halbe Kinder waren wir für ein paar Wochen ein Paar. Dann ging er nach Geisenheim Weinbau studieren. Ich weinte mir die Augen aus dem Kopf und tröstete mich dann mit Klaus, fünfundzwanzig Jahre lang."

Es läutete wieder an der Tür.

Gerda redete auf mich ein: „An dem Tag, an dem ich Johann zufällig wiedergetroffen habe, war ich zuvor beim Frauenarzt. Er hatte einen Knoten in meiner Brust entdeckt und gefragt: ‚Ein bisschen viel Kummer gehabt? Das da muss dringend untersucht werden.' Er hat gleich für den nächsten Tag einen Termin im Wittlicher Krankenhaus vereinbart. Wie eine Maschine beantwortete ich Johanns Fragen, vermutlich auch die mit „ja", dass er mich am nächsten Morgen besuchen kommen könne. Er hatte gehört, dass ich in Johanns Boutik gezogen war.

Um 8.15 Uhr saß ich mit klammem Herz zwischen einer weinenden jungen Frau, einer reglosen älteren Frau und einer Frau, deren Turban um den Kopf die gleiche Farbe wie ihre Tunika hatte. Ich füllte folgsam Formulare aus."

Thaddäus läutete wieder an der Tür.

Gerda fragte: „Wer läutet denn da bei dir, wirst du belästigt, hast du was zu essen bestellt, willst du aufmachen?" Und fuhr ohne Atempause fort: „In der endlosen Nacht zwischen den beiden Arztbesuchen und in der Stunde, die ich da unter Frauen wartete, raste mein Leben an mir vorbei: Keine Kinder, von Klaus verlassen – was würde von mir bleiben, wenn ich jetzt gehen würde? Das Bed and Breakfast, ein Zuhause auf Zeit, würde ich es eröffnen können, würde mich von dort jemand vermissen? Im Wartezimmer im Krankenhaus standen Gestecke, die aussahen, als wären sie aus einer Kapelle ausgeliehen, und ein Prospektständer offerierte die Broschüre: Seien Sie stark!

Ich wurde aufgerufen. Ich ging. Der freundliche ältere Arzt untersuchte mich, führte das Ultraschallgerät über meine Brüste, schwieg lange, fragte: ‚Tut das weh?' ‚Nein', log ich. Er sagte: ‚Da, sehen Sie: vollkommen harmlos – eine Zyste. Die kommen und gehen, man kann sie punktieren, man kann eine Hormonsalbe draufgeben, sie kann auch so verschwinden, wie sie gekommen ist. Wenn es nicht zu sehr schmerzt, sehen wir uns in einem Jahr.'

Ich hätte ihn nicht küssen und stattdessen den Ultraschallglibber von meinen Brüsten wischen sollen.

Ich zog mich einfach so an – unter dem strafenden Blick der Arzthelferin und küsste den älteren Herrn nochmal – er lächelte und sagte: ‚Wissen Sie, junge Frau: Jene Frauen, denen ich was anderes sagen, die ich operieren und therapieren muss, denen nur Hoffnung bleibt, die bereuen selten, was sie gemacht haben. Die bereuen, was Sie nicht gemacht haben.' Als ich den Untersuchungsraum verließ, schenkte mir die Dame mit dem Turban ein leises Lächeln, als ob sie sagen wolle: ‚Schwester, leb dein Leben. Alles!'

Als ich zum Boutik kam, stand Johann mit einem Strauß weißer

Lilien davor. Ich hatte ihn tatsächlich vergessen. ‚Wie lange wartest du schon?', fragte ich. ‚Keine Ahnung: Minuten, Stunden, Tage, Wochen, Monate, Jahre, Jahrzehnte', lachte er und lud mich ein, mit ihm an die Moselquelle zu fahren. Davon hatten wir als Teenies immer geträumt, als wir ein Paar waren und er noch kein Auto hatte. Ich fuhr mit, ungeplant. Wir feierten den Tag!

Nach dem Studium in Geisenheim ist er nach Kalifornien gegangen: weit weg. Klaus und ich hatten da gerade geheiratet. Wie treu er ist. Er arbeitet noch immer im gleichen Weingut. Seine Kinder haben das Haus verlassen und seine Frau gleich mit. Er hat mir angeboten, im Gästehaus, in der Vinothek und der Verwaltung des Weingutes zu arbeiten, in dem er als Kellermeister beschäftigt ist und wo sie dringend jemanden suchen. Nach einem Jahr kann ich gehen oder bleiben – oder werde gegangen: Ophelia, no risk, no fun.

Ich werde das Bed and Breakfast nicht eröffnen. Es wäre gut, wenn du die Eröffnung durchziehen würdest, dann würden sich die Gäste gleich an dich gewöhnen. Du bist jung, so wunderbar jung. Du hättest ein Jahr, um das B&B zu testen, einmal im Quartal schauen wir zusammen auf die Bücher, wenn du willst. Ich zahle dir das gleiche Gehalt abzüglich der Kaltmiete, das du jetzt in Hamburg bekommst. Das geht auf, wenn du keine zu großen Verluste einfährst. Mehr wird nicht drin sein, auch, wenn du in Sommerath sicher viel mehr Stunden dafür wirst arbeiten müssen. Ich zahle dir das Gehalt, das ich für mich selbst eingeplant hatte und versorge mich hier mit der Arbeit in der Vinothek.

Schlaf eine Nacht drüber, komm her und schau, ob es sich gut und richtig für dich anfühlt, hier zu sein. Die Eröffnung muss durchgezogen werden, sie ist in sechs Wochen, es gibt viele Buchungen. Du hast gut vorgearbeitet.

Sonst versuche ich es schnellstmöglich zu verkaufen. Wenn es Krebs gewesen wäre, hätte ich es vielleicht auch verkaufen müssen – man sollte nicht so sehr an den irdischen Gütern hängen. Aber hier ist überall dein Spirit mit drin. Ich könnte es in keinen besseren Händen wissen."

Es ist spät, lieber Jan ... morgen werden die Gäste hungrig sein.

Sie sind immer hungrig. Sie haben einen ungeheuren Appetit, auf Frühstück und auf Leben!
Mit besten Wünschen
Ihre Ophelia

Iffeldorf, 22. April 2006

Ophelia,
lassen Sie anständige, sittliche Männer immer vor Ihrer Tür im Regen stehen? Wie lange hat er dort gewartet? Haben Sie Ihren Kolleginnen etwa geglaubt? Und warum sagen Sie, das sei eine langweilige Geschichte? Was passiert sonst bei Ihnen? Sind James Bond und Tarzan unter ihren Stammgästen?
Wie ging es weiter mit Ihnen und Thaddäus, Gerda und Johann, Klaus und Fred? Mh, die Männer mit den kurzen Namen spielen in Ihrem Leben am Fluss undankbare Rollen ...
Außerdem schenken bei Ihnen die Männer ziemlich viele Blumen. Hier unter Bauern ist das eher nicht so verbreitet; vielleicht, weil die Gärten voll davon sind?
Rote Rosen, okay, die schenken Männer, wenn sie etwas gutmachen wollen. Aber weiße Lilien? Haben die eine bestimmte Bedeutung?
In Vorfreude auf den Briefträger
Ihr Jan

Sommerath/Mosel, 25. April 2006

Lieber Jan,
James Bond ist der, bei dem am Ende des Films immer das Inventar zerstückelt wird, oder? Und Tarzan – nun ... nach James Abreise würden vielleicht Lianen wachsen ..., dann würde sich Tarzan hier sicher wohlfühlen. Reben sind Lianen, die sich an sonnigen, wüchsigen Frühsommertagen verwegen in den Himmel stürzen, so, als ob es da oben irgendeinen Hält gäbe ...
Gerda redete weiter auf mich ein. Ich willigte ein, am Wochenende

nach Sommerath zu kommen. Dann würde ich Fred wenigstens erstmal nicht begegnen. Was sollte ich ihm von Thaddäus sagen? Sollte ich Fred von meinem Verletztsein, der Einsamkeit in Hamburg erzählen. Das hatte ihn nie interessiert. Nur das Gehalt. Sollte ich sagen, dass er vergessen hatte, mir einen Heiratsantrag zu machen, dass ich nicht mitspielen wollte, bei seinem „Erst-mal-festhalten-und-dann-weitersuchen", sollte ich ihm vom tollsten Mann der Welt erzählen, der aber nun leider bei seiner Verlobten Vater wurde? Wie kam ich überhaupt auf die Idee, Thaddäus Liebe zu sein? Vielleicht hatte es bei ihm zuhause einfach gerade in die Wohnung geregnet, vielleicht hatte ihn seine Mutter oder seine Verlobte rausgeworfen? War er überhaupt verlobt?

Was wusste ich von ihm? Nichts. Außer, dass er Jurist war. Wir hatten nie über unsere Familien gesprochen, ob er arm oder reich war. Hätte ich zu seiner Adresse fahren und nachschauen sollen, auf sein Handy anrufen? Seine Anrufe annehmen?

Vielleicht hatte er ja gleich mehrere Familien. Ich wusste nichts von ihm. Nichts, und fühlte mich ihm doch näher als je einem Menschen zuvor. Ein Blick hatte genügt. Wir brauchten keine Worte. Es ging nicht um Wellenlängen. Es war ein Tsunami. Die Welt war eine andere. Essen und Schlafen hatten ihre Bedeutung verloren. Ich wußte nur, dass er die falschen Freunde hatte.

Als Gerda aufgelegt hatte, ging ich runter zur Tür. Thaddäus war nicht mehr da. Nur der Rosenstrauß. Es hatte zu regnen begonnen und die Rosen funkelten wie von einem anderen Stern – mitten im Grau. Ein handgeschriebener Zettel hing dran: „Ophelia, ruf mich bitte an! Thaddäus."

Man darf einem Kind nicht den Vater nehmen. Er würde sicher ein wunderbarer Vater werden. Ich stellte mir vor, wie ein kleines Kind seine Hand in seine Hand schob, mit dunklen Augen in seine dunklen Augen schaute.

Ich ging hoch, warf ein paar Klamotten in meine Tasche, stellte den Wecker auf fünf Uhr am Morgen, nahm das Kissen, das neben Thaddäus auf dem Sessel gelegen hatte, und heulte mich ungewaschen in sowas wie Schlaf. Um fünf sprang ich unter die Dusche, wollte nur weg, schob meinen Haustürschlüssel unter der Wohnungstür meiner Nachbarin durch, legte die noch immer nassen Rosen auf den Beifahrersitz und fuhr moselwärts. Vor vierundzwanzig Stunden hatte Thaddäus mir noch gegenübergesessen, jetzt auch. Er war überall, mein Herz raste. Die letzten Kilometer auf der A 48 wurde ich ruhiger.

Gerda stand vor ihrem Boutik, führte mich in die Küche. Da saß aufgeregt, bei viel zu hartem Licht, der mir unbekannte Johann und erhob sich, als ich hereinkam. Ich schüttelte mechanisch seine Hand, die er mir entgegenstreckte und schlich auf ein Zimmer, ins „Grüne Zimmer", ins Bett und fiel in tiefen Schlaf, träumte den Traum, der mich monatelang verfolgen sollte, Nacht für Nacht: Thaddäus stand vor meinem angerammten Auto, hatte sein Kind, einen Sohn, auf dem Arm und wischte sich Tränen aus den Augen. Das Kind fragte, mit einer Stimme, die seiner sehr ähnlich klang, in seinem Tonfall: „Papa, du weinst ja! Wein doch nicht, das Auto kann man doch reparieren! Es gibt außerdem sooo viele neue in der Fabrik." Dann strahlten beide. Ich lief weinend davon.

Sonntagabends fuhr ich wieder nach Hamburg. Montagmorgen erklärte ich die Probezeit für beendet. Last fiel mir von den Schultern. Fred zog beleidigt in meine Wohnung und versprach mir, niemandem meine Adresse oder Telefonnummer zu verraten. Er hat noch immer nicht verstanden, dass ich nicht mit ihm zusammengezogen wäre. Er ist in Hamburg geblieben. Schreibt meiner Mutter zu Weihnachten und ihrem Geburtstag lange Briefe.

So, lieber Jan, jetzt wissen Sie, wie ich an der Mosel gelandet bin.

Mit herzlichen, müden Grüßen

Ophelia

Iffeldorf, 28. April 2006

Ophelia,

haben Sie Fred und Thaddäus nie wiedergesehen? Laufen Sie immer davon?

Wie lange ist das alles her? Sie sahen noch so jung aus!

Hat dieser Traum aufgehört? Wenn ja: einfach so? Oder ist etwas geschehen?

Fragt aus dem bayrischen Frühling

Ihr Jan

PS Ja, ich genieße es, spätabends mit dem Zug aus der Stadt zu fahren und dann hier tief durchzuatmen. Ich hoffe, es würde Ihnen hier gefallen!

Lieber Jan,

vielen Dank für die CD von Tom Waits. Wie vielen Frauen senden Sie solche Briefe, auf so schönem Papier, mit der CD „The early years Vol II"? Es ist ewig her, dass ich diese Musik gehört habe. Die von Ihnen markierten Titel 1 und 11 sind besonders. Als Abiturientin habe ich Waits Musik bewundert. Für mich ist es die Musik derer, die alles wagten.

Wissen Sie, dass er von Charles Bukowski beeinflusst sein soll, seine Texte. Jenem amerikanischen Schriftsteller, den ich zwar nicht verstehe, der 1920 in Andernach am Rhein geboren wurde. Vielleicht hören Sie den Rhein in Waits Musik?

Jan,

zwischen Thaddäus und mir hatte ein Zauber gelegen, ein zärtliches Wort – das keiner von uns sagen musste. Später habe ich lange mit Gott gestritten – was das soll: warum eine andere von ihm schwanger ist, sein Kind unter dem Herz trägt, es bei einer anderen wächst. Ich malte mir aus, wie es wäre, einen ganzen Tag lang mit ihm irgendwo zu sein. Nur für einen Tag.

Der liebe Gott verrät seinen Plan nicht. Nicht, ob er morgen einen Baum auf uns stürzen lassen wird, der heute noch fest verwurzelt und solide scheint. Oder, ob er uns in einem Dreivierteljahrhundert von ergrauten Enkeln zu Grabe tragen lassen wird. Und so bleibt uns nur, täglich zu beten, als ob wir morgen sterben müssten und so zu arbeiten, als ob wir ewig leben könnten.

Irgendwas ließ mich damals sicher sein, dass ich ihn aus der Wohnung schieben und ein paar Tage später selbst abreisen musste, ohne ihn noch einmal zu sehen, ihm aus dem Weg gehend die Stadt verlassen musste.

Ich wusste genau, dass meine Kollegin und ihre Freundin dafür sorgen würden, dass er nie meine Adresse herausbekommen würde. Und ich tat hier auch alles dafür, dass er meine Adresse nicht herausbekam. Kein Wort von mir auf der Internetseite. Weil mich nur ein großer Abstand vor Schlimmerem bewahren konnte.

Ich war mir damals sicher, meinen inneren Bruder gefunden zu haben – ohne ihn gesucht zu haben. Wie soll man etwas suchen, von dem man nicht weiß, dass es existiert? Der, mit dem ich schon im Paradies zusammen gespielt hatte.

Ich wusste, wenn Gott will, dass wir in diesem Leben ein Stück Weg zusammen gehen sollen, dass er uns zusammenfinden werden lässt. Vielleicht, so wie Gerda und Johann. Sie haben übrigens neun Monate nach der Eröffnung des Hotels Zwillinge bekommen. Gerda sagte: „Wir wissen nicht, wie das passieren konnte." Wissen Sie, wie sehr ich mich für sie freue?

Und dann ist es wirklich passiert. Damals in Hamburg im August, im Café Paris, hatte mir meine frühere Nachbarin erzählt, dass Thaddäus und seine Verlobte tatsächlich drei Monate später geheiratet haben. Sie hatte die Hochzeitsanzeige in der Zeitung gesehen, mir aber nie zuvor davon erzählt. Vielleicht, weil sie mit Fred zusammen ist. Ende Januar dieses Jahres hat sie mir eine Geburtsanzeige gemailt:

„Wenn aus einem Paar eine Familie wird:
Mit Konstantin K... sind wir zu dritt.
Die glücklichen Eltern: Thaddäus K... und ... K..."

Der Klassiker. Ich wäre gerne nach Metz in die Kathedrale gefahren. Aber die Zeit reichte in jener Woche nicht, meine „Guten Seelen" hatten Urlaub. Ich wollte wenistens nach Luxemburg, um Brot zu kaufen. Wenn meine Gäste nach Luxemburg einkaufen fahren, ist das oft eines der Highlights ihres Urlaubes: Erlesene Boutiquen reihen sich aneinander. Manche Männer begleiten ihre Frauen gerne dorthin, als würden sie verstehen, dass sie sich mit einem Kleid oder Schmuck nichts anderes schenken lassen wollen als Schönheit, Glück und vielleicht sogar Liebe.

Ganz nah bei den Boutiquen von Chanel und Hermès gibt es einen Laden, der mich anzieht: die Bäckerei „Le Salon du Pain". Sie hat Dependancen in Paris und Barcelona. Ihr Brot hat nichts mit normalem Brot zu tun. Die Weizenbrote duften wie ein Weizenfeld im Sommer – wenn die Hitze über den Ähren steht. Der Geruch dieser Brote ist so intensiv, dass man glaubt, das Knistern der Ähren und Halme zu hören.

Ich hatte mir gerade einen großen Vorrat für meine Wintergäste gekauft, wollte ihnen Sonne in die Sinne senden. Das wahre Geheimnis dieses Brotes eint es mit exzellenten Weinen: es reift. Und als ich mit zu vielen Papiertüten in den Armen den Laden verließ, stolperte ich über die Schwelle und wurde plötzlich gehalten. Ist Ihnen das jemals passiert? Dass Sie ins Straucheln geraten und ganz genau spüren, dass jemand Ihre Füße führt, Ihnen Halt gibt, wo keiner sein kann?

Als ich wieder festen Boden unter beiden Füßen hatte, erst da, hielt mich jemand, indem er meinen rechten Unterarm von unten umgriff ... die weitgereiste Zigarrenkiste, von einem Lederband zugeschnürt, das man geduldig aufknoten muss, um nachzuschauen, ob wirklich jemand frische, fast noch grüne Zitronen hineingelegt hat. Wenn man mit den Fingern über ihre ledrige, gelbe, fast noch grünliche Haut streicht, kann man es noch Stunden später riechen: Holz, Tabak, Leder und fast noch grüne Zitronen.

Leise fragte die dunkelbraune Stimme: „Ophelia – was machst du hier?"

„Thaddäus – was machst du hier?"

„Ich habe eine Hotelkette bei einer Bank vertreten, muss gleich wieder zum Flieger. Und du? Was machst du hier?"

„Ich bin nur heute in der Stadt."

„Warum bist du damals verschwunden? Ich war sehr besorgt! Auch im Hotel wusste keiner, wo du bist."

„Ja, ich musste weg", sagte meine Stimme. Musste ich wirklich. Sie wissen. „Wie geht es dir? Du hast geheiratet, hab ich gehört und bist Vater geworden. Herzlichen Glückwunsch!" Durch seine Augen fegte eine kleine Angst, die sein Gesicht grau aussehen ließ. Dann hörte ich mich sagen: „Ich wünsche dir alles Glück der Welt, dass ihr glücklich seid, du, deine Frau und euer Kind. Gott hat die Liebe!" Wieder huschte Angst durch seine Augen. Und dann ließ mich irgendetwas sagen: „Ich muss los."

Er stand reglos da. Aus den Papiertüten drang der Geruch der warmen Brote in meine Nase, legte sich wie ein Sommertag um uns. Das, was zuvor meine Füße gehalten hatte, wollte sie davontragen. Ein angestrengt-höflicher Abschiedskuss war nicht möglich, weil ich die Tüten mit den Broten in den Händen hielt. Erst da fiel mir auf, dass er meinen rechten Unterarm losgelassen hatte: Er klopfte das herabgefallene Mehl von seinem dunklen Mantel. In der Hand hielt er eine Tüte vom angesagtesten Juwelier der Stadt. Ich drehte mich schnell um. Er schaute mir hinterher. Wie schwer sein Blick auf mir lag.

Ich habe geweint. Plötzlich sagte das Navi: „Sie haben Ihren Bestimmungsort erreicht." Ich hab kein Ahnung, wie ich nach Sommerath gekommen bin. Aber als ich die Tür von meinem Bed and Breakfast öffnete, war mir frei ums Herz, lichtleicht und warm.

Ich räumte die Brote sorgfältig weg, fror einige ein und fuhr den Computer hoch. Ein paar Buchungsanfragen. Ich ging müde zu Bett und sah mir selbst dabei zu, wie erleichtert ich war, verstand nicht, warum. Ich schlief sehr tief. Am nächsten Morgen wachte ich auf, ohne dass es wehtat, konnte mich an keinen Traum mit ihm erinnern, was mir sonst fast immer passiert war – Nacht für Nacht hatte ich ihn unglücklich gesehen. Immer hatte er leise Wehmut in den Augen gehabt. Am Vortag hatte ich nichts von Traurigkeit in seinen Augen gesehen. Er war ein anderer als der, der mir immer im Traum erschienen war. Ich sah mir selbst zu und verstand nichts, musste an das für den Tag geplante Tagwerk denken, malte mir aus, wie sich meine Wintergäste über das Brot freuen würden

Ich stand auf, frühstückte, sprang unter die Dusche, sang, zog meine Lieblingsjeans und meine unpraktische und sooo schöne Seidenbluse an und begann das Frühstück für meine Wintergäste zu richten. Was sie wohl zu diesem Brot sagen würden? Dieses Brot mit Mirabellenmarmelade: Sommer für Nase, Gaumen und Magen und vielleicht sogar, wie bei gutem Wein, für das Herz. Ob sie es schmecken würden?

Als ich alles vorbereitet hatte, war es noch immer ganz still im Haus. Ich fuhr den PC hoch. Da klopfte es am Fenster. Mein wunderbarer Nachbar German, der Gute. Ich öffnete das Fenster, sagte: „Komm rein!"

Aber er blieb stehen, zog den beigen Brief hinter dem Rücken hervor, verneigte sich leicht, roch daran und überreichte ihn mir mit feierlicher Miene durch das Fenster. Er verneigte sich erneut und verschwand fast grußlos, winkte nur, ohne mich anzuschauen, im Weggehen. Bis dahin hatten unsere Grüße etwas fast Magisches gehabt – als ob sich unsere Hände berühren würden, getrennt und verbunden von einem zarten Lager aus Luft. Und dieses Gefühl hatte ich, auch, oder vielleicht besonders dann, wenn wir uns aus großer Entfernung grüßten.

Im Herbst, als die Lese begonnen hatte, sah ich zum ersten Mal die Jungschwäne mit ihrem grauen Gefieder über dem Fluss fliegen. Und hätte Ihnen gerne davon geschrieben. Den Moment mit Ihnen geteilt, weil ich mich im Laufe des Sommers daran gewöhnt hatte, die großen und kleinen Moment in den Mails mit Ihnen zu teilen und dabei zu ordnen – viele Dinge schienen erst dann in meiner Seele anzukommen, wenn ich sie Ihnen geschrieben hatte. Spät im Jahr hatte ich begonnen, sie German zu erzählen. Aber das war etwas anderes. Geschrieben sind sie anders als erzählt. Und das, lieber Jan, macht mir Angst.

Ich weiß nicht, ob sich der liebe Gott lustig über uns macht, über unsere Pläne zärtlich lacht und dabei unsere Wege lenkt, ob er uns dann auf Händen trägt, wenn es uns dreckig geht. All das weiß ich nicht. Ich roch an dem Brief. Meine Hände fühlten das seltsam glatte Papier. Ein Brief aus Iffeldorf ... Erst als ich den Brief geöffnet hatte und der mystische Geruch in meiner Nase angekommen war, konnte ich den Namen unter dem Brief lesen.

Herzliche Grüße aus dem Tal der Mosel,
mit besten Wünschen, dass es bei Ihnen so wie hier grünt und blüht
und überschäumt vor Schönheit und leisem Glück
Ihre Ophelia

Iffeldorf, 5. Mai 2006

Liebe Ophelia,
auf keine meiner Einladungen nach Münster oder hier nach Iffeldorf
haben Sie reagiert. Sollte ich einfach nach Sommerath kommen? Was
würden Sie sagen? Was würde Ihr Nachbar dazu sagen? Was Theo?
Was Ihre Gäste? Wir ständen unter Beobachtung. Vielleicht könnte
ich Sie überreden, mit mir zur Quelle zu fahren?
Ich höre „O Salutaris" von einem Trierer Chor auf YouTube. Bedanken Sie sich nicht für die CDs! Sie haben mir die Musik geschenkt:
Musik, die das Grau von der Seele flutet. Selbst, wenn Sie meiner
Einladung nie folgen würden; ich wäre Ihnen dankbar bis ans Ende
meiner Tage – für die Musik, die leise in meiner Seele singt, vielleicht
tausend Tode überdauern wird. Auch Tom Waits klingt mir anders,
seit ich um Sie weiß. Aber Angst, liebe Ophelia, ist ein schlechter Be-
rater. Angst kommt von Enge. Wer nicht wagt, kann kaum gewinnen.
Anbei finden Sie ein Zugticket. Sind am Mittwoch Ihre Ostergäste
abgereist? Wollen Sie dann kommen?
Kommen Sie am zehnten Mai zum Bahnhof Rolandseck? Wir könnten versuchen, in dem feinen Restaurant etwas zu essen. Es gibt Moselwein. Von der Terrasse fällt der Blick auf den Rhein: wie er die Mosel längst in sich aufgenommen hat, tief mit ihr verschmolzen ist.
Möchten Sie mir Ihre Briefe und Mails vorlesen? Wissen Sie, wie lange ich mir das schon wünsche? Dürfte ich Ihnen über die Schulter
schauen, während Sie mir schreiben? Werden Sie mir weiterhin
schreiben? Bringt Ordnung Freiheit? Weiß ich um alle geschieferten
Stellen Ihrer Seele? Haben Sie auch so viele Fragen?
Haben Sie Lust, dann mit mir zum Kloster Maria Laach zu fahren?
Vielleicht ist am Abend die Luft lind. So wie damals, als Sie als Kind
mit Ihren Eltern in Laach waren. Es gibt da diesen See, der blau und

schweigend liegt, über dem Vulkan. Das Kloster hat ein „Paradies", einen magischen Kreuzgang und ein Bild von Jesus. Er schaut sehr groß und sehr gütig aus der Kuppel. Wir könnten leise fragen, was er sich mit Ihnen denkt, was mit mir, ob er unsere Wege lenken mag. In der Gärtnerei werden Äpfel und ganze Bäume verkauft, im Buchladen erlesene Bücher. Ob es eine verborgene Stelle gibt, an der man ungestört aus dem Hohelied vorlesen darf? Sie mir? In der Kunsthandlung gibt es handgefertigten Schmuck für die Ewigkeit. Zwei Schritte weiter ruht das Seehotel. Es könnte Ihnen gefallen.

Ich werde auf der Terrasse des Restaurants im Bahnhof auf Sie warten. Nehmen Sie den Zug in Wittlich um 12.57 Uhr? Über Koblenz wären Sie um 15.17 Uhr am Bahnhof Rolandseck. Ich werde da sein und auf Sie warten.

Wissen Sie, wie sehr ich Ihnen eine gute Reise wünsche?

Ihr Jan

Annette Köwerich lebt seit 1996 als Frau des Winzers und Weinbau-
ingenieurs Nick Köwerich in Leiwen an der Mosel. Bisher sind von
der Eifler Bauerntochter und Agraringenieurin erschienen:
„Ein kleines Bilder- und Lesebuch von der Mosel", „Ein kleines Bil-
der- und Lesebuch von der Mosel II", „Genießen wie die Römer",
„Mosel – Eine Hommage – Von der Quelle zur Mündung" (mit Hilde
Kessel).
Zu diesem Roman sagt sie: „Wer hier einen bestimmten Moselaner
sucht, wird ihn nicht finden – dafür einen völlig anderen."